经济高质量发展学术文库

研究生教育国际化的
国际经验、问题及对我国的启示

宋锦萍　著

东北财经大学出版社　大连

Donghei University of Finance & Economics Press

图书在版编目（CIP）数据

研究生教育国际化的国际经验、问题及对我国的启示 / 宋锦萍著.
一大连：东北财经大学出版社，2024.7. —（经济高质量发展学术
文库）.—ISBN 978-7-5654-5303-8

Ⅰ.G643

中国国家版本馆CIP数据核字第20241DE322号

东北财经大学出版社出版发行

大连市黑石礁尖山街217号　邮政编码　116025

网　　址：http://www.dufep.cn

读者信箱：dufep@dufe.edu.cn

大连永盛印业有限公司印刷

幅面尺寸：170mm×240mm　　字数：131千字　印张：10.5　插页：1
2024年7月第1版　　　　　　2024年7月第1次印刷
责任编辑：蔡　丽　吴　焕　　责任校对：一　心
封面设计：原　皓　　　　　　版式设计：原　皓
定价：68.00元

前言

　　随着教育全球化进程的加速和知识经济的崛起，研究生教育国际化已成为当今高等教育发展的重要趋势。本书基于研究生教育国际化的文献综述和基础理论与观点，运用文献检索法、比较分析法和综合分析法等，梳理了四个国家的研究生教育国际化方面的理念、培养目标、办学特点，总结了经验、存在的问题及对我国的启示；接着结合我国研究生教育国际化现状、面临的机遇和挑战，提出了我国研究生教育国际化的政策建议。

　　本书从不同角度对我国研究生教育国际化进行了剖析。首先，本书梳理和总结了国内外研究生教育国际化的办学理念、培养目标、办学特点、经验和问题等。其次，本书归纳和整理了国内外国际化背景下的研究生招生与选拔、国际化课程设置、导师制度改革、留学生教育等多个方面存在的问题，通过对这些问题的深入研究和分析，希望能够为我国相关政策制定者、高校管理者和研究生导师提供有益的参考和借鉴。

在撰写本书的过程中，著者调研了多个国家的研究生教育制度、课程设置、导师制度等方面的情况，并与众多国内外专家和学者进行了深入交流和研讨；通过对比分析，发现了我国研究生教育国际化的独特优势，也看到了存在的不足和亟待解决的问题。

针对上述问题，本书提出了一系列我国研究生教育国际化的策略和建议。例如，本书强调要加强与国际一流大学的合作与交流，吸引优秀国际生源，提高教师队伍的国际化水平；注重培养研究生的国际视野和跨文化交流能力，开设相关课程和举办相关活动；建立科学的质量保障体系，推动我国研究生教育国际化的高质量发展。

我国研究生教育国际化具有独特的意义和价值。一方面，它有助于提升我国研究生教育的质量和国际竞争力，促进我国高校与世界一流大学的交流与合作；另一方面，它有利于传播我国传统文化和价值观，为世界教育事业的发展作出贡献。

本书的创新之处在于：首先，它立足我国实际，深入探讨了我国研究生教育国际化的内涵、特点和发展路径，通过对实际问题的分析和解决，为我国研究生教育国际化提供了具有针对性和可操作性的建议。其次，本书首次以多国比较的研究方法，对我国研究生教育国际化进行了全面深入的分析。通过比较不同国家的研究生教育体系，我们可以深入了解各国在国际化方面的成功经验和不足之处，并借鉴其他国家的做法，不断改进和优化我国的研究生教育体系，培养更多具有国际竞争力的高水平研究人才。

我要衷心感谢所有为本书的出版提供帮助的人员，正是他们的智慧灌注和用心指导，才使得本书得以问世。本书是辽宁省社会科学规划基金课题"'一带一路'背景下基于多国比较研究的中国特色研究生教育国际化新思考问题研究"和辽宁省教育科学规划基金课题"中国特色高校创新型人才培养模式探究——基于多国比较研究"的研究成果。希望本书能够为广大教育工作者、研究人员和决策者提供有益的参考,促进我国研究生教育国际化的健康发展,为培养更多具有国际竞争力的高层次人才作出贡献。

著 者

2024年4月

目录

第一章　绪论

第一节　研究背景与研究意义

一、研究背景

在当今时代，全球化进程加速，信息交流日益便捷，社会的进步与发展对高层次人才的需求与日俱增。对高层次人才的培育和争夺逐渐成为世界各国教育领域的重点。研究生教育作为高等教育体系的重要组成部分及最高层级，其地位和作用不言而喻。

瑞士洛桑国际管理发展学院（IMD）发布的《世界竞争力年度报告》明确指出，各国高等教育能否培养出足够数量高质量的、通晓国际竞争规则的管理和科技人才是影响国家竞争力的关键。时任美国研究生院协会理事会主席戈德汉·L.帕特尔（Gordhan L.Patel，1997）提出，未来的研究生需具备全球观念，能够在全球范围内开展工作，并具备处理诸如太空探索、环境保护、粮食供应、疾病防控以及其他复杂社会问题的能力。[①]

从这些表述中可以清晰地看出，在经济全球化的大环境中，研究生教育国际化已成为教育发展的必然走向。研究生教育通过跨越国家、民族和文化的交流、合作与竞争，将国际理念融入高校的各项职能中，肩负起为国家培育适应国际化竞争的高素质人才的使命。

随着国际社会的不断发展，各国政府、企业、领导人和学者均深刻认识到具备良好素质和全球视野的高层次专业人才对国家和区域发展的关键作用，并在实际工作中采取了相应的行动。[②]

二、研究意义

（一）对个人发展的影响

1.研究生教育国际化与个人发展具有协同效应

研究生教育国际化与个人发展的协同效应不可忽视。教育国际化作为一种全方位的学习和交流方式，为研究生提供了更广阔的视野和更深入的学术体验，对个人的成长和发展产生了积极的影响。

---

① 中国学位与研究生教育学会，北京大学研究生院，清华大学研究生院. 迈向21世纪的研究生教育——中国北京'97研究生教育国际研讨会综述 [J]. 学位与研究生教育，1998（1）：1-3.
② 刘薛. 政府人事管理制度下引进高层次专业人才的探索与实践——以X自贸片区管委会引进专才为例 [J]. 人才资源开发，2023（9）：19-21.

（1）使个人能够接触到多元文化和不同的学术观点

通过与来自不同国家和地区的学生和教师的交流与合作，研究生可以深入了解不同文化的背景、价值观和学术传统。这种跨文化的交流不仅能够拓宽个人的视野，增强自身的国际化意识，还能够培养个人的跨文化沟通能力和合作能力，增强个人在跨国企业和国际组织中的竞争力。

（2）通过提供国际化的学习环境和资源，促进了个人学术能力的提升

在国际化的学习环境中，研究生可以接触到先进的学术理论和方法，了解国际前沿的研究进展，提升自身的学术素养和研究能力。同时，教育国际化为研究生提供了更多的学术资源和机会，如国际会议、交流项目和学术合作等，使个人能够与国际学术界保持紧密联系，扩展学术网络，提升学术影响力。

（3）对个人的职业发展产生积极的影响

随着全球化的发展，跨国企业和国际组织对具备国际视野和跨文化能力的人才需求越来越多。通过教育国际化，研究生可以提前适应国际化的职业环境，了解国际市场的需求和挑战，培养全球化的职业素养和技能。这将有助于个人在职场中更好地把握机遇，发展自己的职业规划，提升个人的职业竞争力。

2.研究生教育国际化提升个人的综合素质

除了对职业发展的直接影响，研究生教育国际化还对个人的综合素质提升起到关键作用。

（1）增强个人适应能力

研究生在不同文化和教育体系中学习和生活，可以锻炼自己的适应性和灵活性，增强面对变化和挑战的能力。

（2）丰富人文素养

教育国际化环境中的多元文化交流，有助于研究生开阔视野，加深对人类文明多样性的理解和尊重。

（3）强化独立思考能力

在国际化的学术讨论研究中，研究生需要自主探索和创新，这有利于培养其独立思考和批判性思维能力，增强个人的适应能力与创新思维，培养具有跨文化能力和竞争力的高层次人才，对个人产生巨大的协同发展作用。①

研究生教育国际化与个人发展的协同效应显而易见。通过拓宽视野、增强学术能力和培养职业素养，研究生可以在国际化的时代背景下更好地适应和发展自己。因此，对于追求个人发展的研究生来说，其积极参与教育国际化是一项重要的选择和投资。

（二）对社会进步的贡献

在科技高速发展的今天，科技创新是推动社会进步的关键力量。研究生教育国际化通过引入国际先进的科研资源和科研平台，激发了研究生的创新思维和科研潜能。这些国际化的教育资源为研究生提供了更广阔的科研视野，使他们能够跳出国内的研究环境，参与国际科研前沿探索。研究生在国际化的学术环境中受到多元文化的熏陶，有助于他们形成开放包容的科研态度，进而促进了学术思想的碰撞与融合，有力拓展了学术研究的广度和深度，为社会进步提供了强大的智力支撑。

第一，研究生教育国际化对于社会进步的贡献是多方面的。它不仅提升了研究生个人的国际竞争力，而且为科技创新、学术发展以及经济全球化提供了强有力的人才支持和智力保障。

---

① 沈炯，冯建明，等. 研究生培养协同机制研究［M］. 南京：南京大学出版社，2018.

随着教育国际化的不断深入，它将继续在推动社会进步中发挥
至关重要的作用，也提升学术研究的质量与水平。国际化的教
育环境吸引了来自世界各地的优秀学者与研究生，促进了不同
思想、理论和研究方法的交流与碰撞。这种多元的学术氛围有
助于破除学科壁垒，开阔研究视野，增强研究的创新性和前瞻
性。国际化的合作与交流项目也使得研究成果更加丰富，能够
更好地服务于全球经济发展的需要。

第二，研究生教育国际化为经济全球化提供了有力的人力资
源支撑。研究生教育的国际化培养了一大批懂得跨文化沟通、熟
悉国际规则、能够在全球范围内流动和工作的高端人才。这些人
才在跨国公司、国际组织以及各类跨国科研项目中发挥重要作
用，成为促进技术交流、商务合作、资本流动等经济全球化重要
因素的重要推动力量。

第三，研究生教育国际化有助于促进文化多样性。通过国际
学生的引入和国际学术活动的组织，不同国家的文化得以在校园
内自由交流和融合。这种文化交融不仅丰富了校园生活，增强了
学生的跨文化理解和包容性，而且在更广泛的社会层面上促进了
不同文化之间的互相尊重与理解，为构建和谐多元的世界文化格
局奠定了基础。

研究生教育国际化是一项符合时代发展要求的战略举措。[①]
它不仅能够提升教育质量和研究创新，还能够为经济全球化提供
人才支持，推动文化多样性，进而为构建开放、包容、共享的全
球化世界作出贡献。因此，各国高等教育机构和政策制定者应当
认识到研究生教育国际化的重要性，通过制定相应的政策和措
施，为研究生教育的国际化提供有力支持和保障。

---

① 文学，陈顺伟. 论新时代研究生教育国际化的三重逻辑［J］. 当
代教育科学，2020（6）：75-77.

（三）对国家发展的作用

研究生教育国际化培养出来的人才，能够更快地适应全球化的经济环境，创造出符合国际市场需求的产品和服务。这些具备国际化视野和创新能力的高层次人才，可以推动国家产业结构的优化升级，增强国家的国际竞争力。随着全球化趋势不断深入，研究生教育国际化已成为提升一个国家综合竞争力的重要途径。研究生教育国际化不仅意味着培养具有全球视野和国际竞争力的高层次人才，还关乎国际学术交流与合作、科技创新能力的提升等。

此外，国际化的课程设置和教学方法能激发学生的创新思维和独立研究的能力，为国家培养更多具有创新精神和国际竞争力的高端人才。研究生教育国际化有助于加强国际科研合作，提升国家科研水平。国际合作项目能为本国研究生提供接触前沿科学问题的机会，参与国际科研团队的工作，不仅有助于加深对专业领域的理解，还能够学习到国际上先进的科研方法和技术，从而促进本国科研创新能力的提升。

扩大和深化研究生教育的国际化，对于提升国家竞争力具有深远的意义。它不仅关系到人才培养质量的提升，还涉及科学研究、文化交流和国际合作的多个层面，是国家发展战略中不可或缺的一环。具有国际视野的研究生能够在全球范围内洞察行业发展趋势，为国家的长远战略规划提供信息支持，并在国际舞台上为国家争取更多的话语权。这种战略布局的全球化对于一个国家的持续发展和长期利益具有不可估量的影响。研究生教育国际化不仅是教育活动的地理跨度扩展，更是教育理念、教学内容、学术交流等多方面的深层次变革。这种教育模式的转变，使得研究生在学术研究、国际合作、文化交流等多个层面具有更为广阔的视野和更强的竞争力。

研究生教育国际化对于促进国家战略布局的全球化具有深远的意义。它不仅有利于提升国家的国际竞争力和影响力，还有利于构建更为开放、包容的国际合作体系，为国家的持续发展和长期利益打下坚实的基础；还有助于增强国家的人文交流和文化软实力。设立国际化的课程体系、奖学金计划和学术交流项目，可以吸引海外优秀学子来华学习，加深他们对中国文化和社会的理解与认同。[①]这不仅能够培养出具有国际视野和跨文化沟通能力的人才，还能够通过这些海外学生和学者的传播，提升中国文化的国际影响力，增强中国的文化吸引力和凝聚力。

研究生教育国际化是国家发展战略中的重要组成部分，它通过培养具有全球视野和创新能力的高层次人才，提升国家的科技实力、文化软实力及国际竞争力，对国家的全面发展和可持续发展起到了至关重要的推动作用。未来，随着教育国际化的不断深化，研究生教育国际化将为国家带来更加广阔的发展前景。

第二节　文献综述、理论基础与研究方法

一、文献综述

研究生教育国际化已成为全球高等教育领域的显著趋势，吸引了众多学者的关注和研究。

林伟连和许为民（2004）指出，研究生教育国际化是指国际范围内研究生教育在教育思想、模式、内容，以及课程、教材、教师、学生等方面国际交流的趋势，并进一步界定研究生教育国际化的要素，包括教育观念国际化、人才标准国际化、教育市场

---

① 徐水晶. 教育与社会分层［M］. 南京：南京大学出版社，2018.

国际化诸方面。①

刘庆红（2019）认为，研究生教育国际化需要注重教育质量、学科建设和科研活动。他强调国际合作与交流在研究生教育中的重要性，并提出加强师生关系和课程教学的建议。②

罗尧成和束义明（2009）分析了我国高校研究生教育国际化的现状，指出我国研究生教育国际化存在的问题主要是尚未确立清晰的研究生教育国际化目标和路径、教学内容和教学方法的国际化程度不高、教师和研究生的国际交流相对有限、学术交流与合作研究的国际化层次不高、研究生教育资源的国际化水平较低、研究生教育国际化的配套措施不够完善。③

李刚和田雪怡（2009）提出，我国在研究生教育国际化方面存在的问题主要表现在师资队伍、外国留学生比例、教育内容与管理、学位制度、研究生教育理念等与国际化的要求存在差距。④

罗英姿等（2009）认为，在建设世界一流大学和一流学科的过程中，构建与国际接轨、逐渐比肩世界一流的研究生教育体系非常必要。他们从管理结构、人才队伍、招生管理、课程培养及培养项目等方面重点分析构建研究生教育国际化体系的对策。⑤

刘秀梅和贺杰（2016）提出，研究生培养国际化创新模式的

---

① 林伟连，许为民. 我国研究生教育国际化的实践途径探微 [J]. 学位与研究生教育，2004（6）：12-15.

② 刘庆红. "双一流"建设语境下如何推进研究生教育国际化进程——与斯坦福大学国际与跨文化教育研究中心主任 GARY MUKAI 博士一席谈 [J]. 学位与研究生教育，2019（5）：62-67.

③ 罗尧成，束义明. 我国高校研究生教育国际化：现状分析及对策建议 [J]. 学位与研究生教育，2009（11）：58-63.

④ 李刚，田雪怡. 研究生教育国际化发展中的问题与对策 [J]. 黑龙江高教研究，2009（2）：50-52.

⑤ 罗英姿，李芹，韩纪琴，等. 高校研究生教育国际化评价指标体系构建初探 [J]. 学位与研究生教育，2009（11）：64-69.

对策及建议包括加强国际交流与合作、优化课程设置、提高师资水平、完善评价体系等方面。[①]

林伟连（2003）围绕研究生教育的投入、效率和效益，结合研究生教育国际竞争力提升的目标，从教育基础、教育投入、教育资源转化、教育产出四个方面构建了研究生教育国际竞争力评价指标体系框架。[②]

谭胜（2005）从价值论的角度出发分析研究生教育国际化，最后以国际竞争力为分析框架，建立了一个研究生教育国际化的评价体系。[③]

杨韶刚和罗志君（2012）分析了广东外语外贸大学研究生教育国际化现状，借鉴德国大学研究生教育国际化的经验，对于如何推动广东外语外贸大学研究生教育国际化提出相应的策略。[④]

二、理论基础

（一）研究生教育国际化的相关理论

1.经济全球化

"全球化"的概念最早出现在美国经济学家西奥多·莱维特（Theodore Levitt）于20世纪80年代发表在《哈佛商业评论》上的文章《市场的全球化》中。他认为"全球化"一词被用来描述商品、服务、技术与资本在全球投资、生产及消费领域的扩散状

---

① 刘秀梅，贺杰. 研究生培养国际化创新模式的对策及建议 [J]. 教育教学论坛，2016（20）：175-176.

② 林伟连. 研究生教育国际竞争力评价体系及提升途径研究 [D]. 杭州：浙江大学，2003.

③ 谭胜. 研究生教育国际化的价值评价体系初探 [J]. 高等工程教育研究，2005（3）：82-85.

④ 杨韶刚，罗志君. 研究生教育国际化发展的策略探析：基于德国经验的理性分析 [J]. 广东外语外贸大学学报，2012，23（5）：96-100.

况。这就从经济的角度将"全球化"概念推广开来。国际货币基金组织（IMF）在1997年《世界经济展望》中指出，经济全球化是指跨国商品、服务贸易和资本流动规模和形式的增加，以及技术的广泛迅速传播，使世界各国经济的相互依赖性增强。经济合作与发展组织（OECD）认为，全球化是指在商品及服务贸易、资本流动和技术转移与扩散的基础上，世界各国市场和生产间的相互依赖性不断加深的动态过程。①在一般意义上，国内外学者将"全球化"等同于"经济全球化"。

经济全球化是经济发展至特定阶段的成果，属于历史演进的必然走向。到20世纪末，由国际货币基金组织助推的金融全球化、由世界贸易组织（WTO）引领的自由贸易全球化、跨国公司促成的投资全球化以及借助互联网达成的信息全球化的基本结构已经形成。对于发展中国家而言，经济全球化犹如一柄双刃剑：它既能够加快经济增长的速度、传播新技术以及提升国民的生活水平，也能对国家主权构成损害，冲击本土的文化和传统，对民族经济发展以及社会稳定产生影响。②

经济全球化促使高等教育逐步向市场开放、向社会开放、向世界开放，进而为我国的高等教育赋予一系列的发展契机。第一，国际前沿的教育理念、发达国家的办学机制和人才培育模式会推动我们进一步更新高等教育的发展观念、人才观念，深入推进高等教育体制的变革，健全高等教育体系以及创新人才培养的模式，以此提升人才培养的质量。第二，国际教育资源的流动有利于我国高等教育市场形成以国家为主导，私人、社会和国际力

---

① 郭熙保，周军. 发展经济学 [M]. 北京：中国金融出版社，2007：346.

② [1]葛锁网. 经济全球化背景下中国高等教育的改革与发展 [C] //王革，申纪云. 经济全球化与高等教育——2001年高等教育国际论坛文集. 长沙，湖南师范大学出版社，2002：96. [2]王丽娅. 教育产业化的理论与实践 [M]. 北京：中国经济出版社，2002：91.

量共同参与办学的体系，从而逐步化解我国高等教育投资欠缺的问题。第三，外资企业在我国的进一步拓展有利于拓宽我国高等教育的国内市场，从而推进我国高等教育事业的改革与发展。第四，跨国的文化交流与合作有利于我国高等教育走出国门，进一步增强我国在国际上的影响力。

经济全球化是推动研究生教育国际化的重要理论基础之一。[①]全球化需要研究生教育为学生与来自多元背景的人共事、用现代技术与世界各地的人联系和交流作准备。随着全球经济一体化时代的到来，研究生教育国际化战略将体现高等教育的竞争力，彰显高校科研力量的软实力，积蓄高校迈向世界的驱动力。因此，培养出一批具有高水平国际交往能力和学术水平的研究生人才，成为当前高等教育迫在眉睫的问题之一。

2.国际化与教育国际化

亚当·斯密指出，从经济学的视角来看，当一个国家生产产品的单位成本高于另一个国家时，国际化（internationalization）便随之产生。大卫·李嘉图（David Ricardo）觉得，不单是产品成本能够推动国际化，在相同产品的制造进程中，生产效率以及投入要素（涵盖劳动力）的差异同样推动国际化的进程。

关于教育国际化（internationalization of education）的概念有很多不同的观点。顾明远将"教育国际化"定义为第二次世界大战后出现的国际相互交流、研讨、协作，以解决教育上共同问题的一种发展趋势。[②]

教育国际化是立足于国际化之上的。高等教育国际化指的是在高等教育的目标、功能（包括人才培养、科学研究和社会服

---

① 沈迎华，张艳秋，于谦，等. 全球化背景下医学研究生国际课程教学创新与实践［J］. 中国高等医学教育，2024（2）：140-142.

② 顾明远. 教育大辞典（增订合编本）［M］. 上海：上海教育出版社，1998：751.

务）以及方式中，以国际、跨文化和全球的视野加以整合的过程。大学国际化在初期通常指国际学术交流活动，如访问学者、国际会议、合作研究以及留学生教育。随着跨国企业和跨境教育的出现，大学国际化的内容愈发丰富，如办学理念的国际化、发展战略的国际化、学术标准的国际化、人才培养的国际化、科学研究的国际化以及社会服务的国际化等。研究生课程国际化的理念及其所包含的要素建立在相关的国际化理论基础之上。

（二）研究生教育国际化的相关观点

1. "协同创新"理念

2012 年 5 月，国家实施《高等学校创新能力提升计划》（简称"2011 计划"）。该计划是中国高等教育系统中的一项重大战略。该计划以机制体制改革为重点，以创新能力提升为突破口，大力推动协同创新，旨在发挥高等教育在国家发展中的独特作用，促进创新要素融合与共享，提升人才培养质量和科研能力。

研究生教育作为高等教育的最高层次，是联结高等教育基础职能的关键纽带。在内涵式发展和协同创新战略的背景下，"联合培养"成为整合配置研究生教育资源、提升研究生创新水平与实践能力的主流途径。当下，探索多元主体整合优势资源参与研究生联合培养的有效机制，既是提升研究生培养质量的重要途径，也是促进协同创新和实施创新驱动发展战略的重要突破口之一。

国际协同培养人才的改革走向包括培养理念的国际化与本土化融通、培养对象的普惠式与多元化延伸、培养资源的自主性与系统化转换、培养制度的层级化与差异化发展转变。[①]许多学校

---

① 梁传杰. 研究生教育发展方式：内涵特征、样态分析与转型路径 [J]. 研究生教育研究，2024（3）：21-26；53.

积极搭建国际协同平台，探索国际协同培养模式，如北京大学的相关举措。此外，专业学位研究生教育国际化的多元主体协同培养模式研究表明，各培养院校需在全球范围内整合教育资源，形成协同育人机制。

2."双一流"建设

2015年8月18日，中央全面深化改革领导小组第15次会议审议通过《统筹推进世界一流大学和一流学科建设总体方案》。该方案明确提出了部分大学和学科"进入世界一流行列或前列"的具体要求，这在我国是首次设定大学、学科要于特定时间内跻身世界一流前列的宏大目标。① "双一流"建设旨在推动高校和学科进入世界一流行列或前列，加快高等教育治理现代化，提升高校多方面水平。

"双一流"建设是国家战略，意义重大。在建设过程中，国家不太可能向地方本科高校大幅增加投入。众多地方本科高校面临如何应对、把握机遇、争取资源达到一流水平的挑战。

在"双一流"背景下，研究生教育的内涵包括培养高层次创新人才、推进知识传播和技术创新等。研究生教育是高等教育的重要组成部分，肩负重任，是教育强国建设的重要支撑。从系统视角探究，研究生教育是人为构造、创新动态、多元网络的系统。

三、本书的研究方法

（一）文献检索法

首先，本书明确研究课题，确定研究的方向和范围。本书选择合适的检索工具和信息源，并设计合理的检索词，通过目录

---

① 刘献君. 院校研究论［M］. 武汉：华中科技大学出版社，2021.

法、主题法、分类法、索引法和网络检索法等具体方法来提高检索效率。

其次，本书对搜集到的文献进行整理和分析，筛选出有价值的信息，并进行分析。

（二）比较研究法

本书广泛地借鉴了美国、英国、日本和韩国四个国家在专业学位研究生教育方面的经验，同时剖析了这些国家在该领域所面临的各种问题，在此基础上运用比较研究法对我国研究生教育国际化进行了全方位、多角度的研究。

（三）综合分析法

本书对不同研究成果展开了细致且深入的综合分析。本书着重考虑了研究的多个关键方面，在科学性方面探究方法的严谨程度，在创新性方面审视研究视角的独特性，在实用性方面考量能否切实应用于实际工作、能否有效解决该领域的现实问题。本书通过综合考量与剖析来精准分析这些研究成果对所属领域所带来的贡献和影响。

第二章　美国研究生教育国际化概况

第一节　美国研究生教育国际化的办学理念和培养目标

在当今全球化的背景下，美国研究生教育在追求国际化的道路上持续进行深入而系统的探索与实践。最新的办学理念注重培养具有全球视野和跨文化沟通能力的研究生，以适应世界各地多元化和互联互通的工作环境。

美国高等教育机构在制订研究生教育计划时，重视课程内容的国际化和实践性。其通过引入全球案例分析、国际合作项目以及跨国研究机会，提升学生的国际竞争力和创新能力。同时，美国研究生教育鼓励学生参与国际会议、学术交流活动和海外实习，以拓宽其国际视野，增进对不同文化和价值观的理解与尊重。

在培养目标上，美国研究生教育致力于培养综合型人才。其通过跨学科课程和团队合作项目，培养学生解决问题的能力，强调道德判断和社会责任。此外，美国高校倡导可持续发展，并将其纳入研究生教育的核心理念中。

值得注意的是，我们在肯定美国研究生教育的国际积极探索时，也应该保持清醒的认识，不断地反思和吸收其经验教训，以更好地服务于我国的教育发展。我们要坚持爱国立场，加强自主创新，推动我国研究生教育的现代化进程，以培养更多符合国家发展需要的高层次人才。我们应该以开放的态度借鉴国际先进经验，而不是简单模仿，确保我国研究生教育既具有国际竞争力，又扎根于中华文化的沃土之上，为国家的发展贡献智慧和力量。

一、美国研究生教育国际化办学理念的主要观点

（一）提供广阔视野和跨国文化互动的机会

作为美国研究生教育国际化办学理念的核心观点之一，提供广阔视野和跨文化交流的机会对于培养研究生全面发展和适应时代的需求至关重要。美国的研究生教育机构在推动国际化办学方面，旨在让研究生拥有广阔的视野，并具备在不同文化背景下进行有效沟通和合作的能力。

第一，通过国际化的教育环境，研究生可以接触到来自不同国家和地区的学生和教师。这种学习环境使得研究生更好地理解和尊重不同文化的差异，培养跨文化交流和合作的能力。研究生可以通过与来自不同文化背景的学生进行合作，共同解决问题和完成项目，从而提升他们的团队合作能力和解决跨文

化问题的能力。

第二，国际化办学为研究生提供了多样的国际交流和学习机会。部分美国高校与各地的大学建立了合作关系，为研究生提供了参与交换项目、参加国际学术会议和实习经验的机会。这些机会不仅可以加深研究生对其他国家和文化的了解，还可以增强他们的语言能力和跨文化交流技巧。这对于那些希望在国际舞台上发展职业生涯的研究生来说很重要，因为他们将有机会与来自不同国家和地区的专家和学者进行深入的学术交流和合作。

总之，通过国际化的教育环境以及多样的国际交流和学习机会，研究生可以拓宽视野、培养跨文化交流能力，这将为他们未来的职业生涯提供支持和帮助。

（二）提升专业技能、领导才能和创造力

美国的研究生教育侧重培养研究生所需的专业技能、领导才能和创造力，以应对更多挑战。

1.美国的研究生教育比较注重培养学生的专业技能

无论是工程、商科、医学还是社会科学等领域，研究生在研究生阶段都将接受系统化的学习和培训，以掌握专业知识和技能。通过课堂教学、实验研究和实习经验，研究生能够深入了解自己所学领域的最新发展和实践应用。此外，研究生将通过与导师和其他学生的合作，不断提升自己的专业能力和解决问题的能力。这些专业技能的培养将使研究生在全球化的职场中具备竞争力，并为其未来的职业生涯奠定基础。

2.美国的研究生教育比较注重培养研究生的领导能力

美国的研究生有机会参与到各种学术和社会组织中，担任领

导职务或参与领导团队。通过这样的经历，研究生将学会如何在团队中发挥自己的领导作用，如何与他人合作并激发团队成员的潜力。此外，研究生将接受专门的领导力培训和指导，学习领导者应具备的沟通、决策和解决问题的能力。这样的培养有助于学生成为具有领导才能的专业人才，能够在组织中发挥重要的作用，并引领团队应对更多挑战。

3.美国的研究生教育比较注重培养学生的创造力

创新是推动社会和经济发展的重要驱动力，美国的研究生教育鼓励学生进行自主研究和创新实践，培养他们的创新思维和创新能力。研究生将有机会参与实验室研究、科研项目或创业活动，通过独立思考和实践探索解决实际问题的方法。[①]这样的培养将使学生成为具有创新精神和创业能力的专业人才，能够为社会和经济发展作出重要贡献。

（三）促进学术合作和知识共享

在全球化的时代，学术合作和知识共享对于推动科学研究和解决全球性问题发挥积极作用。美国的研究生教育致力于促进学术界的交流与合作，以推动知识的创新和共享。

1.为学生提供学术合作机会

研究生有机会与各地的优秀学者和研究团队合作，共同进行科研项目。这种学术合作不仅能够让研究生接触到较新的研究方向和方法，还能够促进学术成果的合作和交流。通过与来自不同各地的学者的合作，研究生可以获得不同观点和经验，开拓自己的研究思路和方法，提高科研成果的质量和增强影响力。

---

① 陈世伟，易开刚. 美国高校创新创业教育对我国高校的启示［J］. 黑龙江高教研究，2017（8）：82-84.

2.倡导知识共享和开放科学[①]

许多学校和研究机构鼓励研究生在研究过程中充分利用开放获取的学术资源和数据库，以便研究生能够更好地获取和利用全球范围内的知识。[②]此外，研究生被鼓励积极参与学术会议和研讨会，将自己的研究成果与其他研究者分享，并与他们进行深入讨论和合作。这种知识共享的文化有助于加速科学研究的进展，推动学术界的创新和发展。

3.积极推动国际学术合作项目和交流计划

许多学校与全球各地的大学和研究机构建立了合作关系，开展联合研究项目、学术交流和师生互访。这些合作项目和交流计划不仅能够促进国际学术合作和知识共享，还能够培养学生的国际合作意识和跨文化交流能力。通过与国际合作伙伴的互动，研究生能够拓宽自己的学术视野，并深入了解其他国家和地区的研究环境和文化背景。

通过学术合作的机会、知识共享的文化以及国际合作项目和交流计划，美国的研究生教育致力于推动学术界的国际交流与合作，以促进知识的创新和共享。这将使研究生在全球范围内与优秀学者合作，拓宽学术视野，并为推动科学研究和解决全球性问题作出贡献。

---

① 申丽. 美国研究生教育国际化问题研究 [D]. 曲阜：曲阜师范大学，2011.

② 孙传香. 论美国高校教育资源开放对我国在线开放课程建设的启示 [J]. 法制与经济，2018（10）：190-192.

二、美国研究生教育国际化的培养目标

(一) 跨学科与综合能力

培养学生具备跨学科的综合能力，能够综合运用不同学科的知识与方法解决复杂问题，增强创新能力和综合素养。

在当今世界，知识的边界越来越模糊，各个学科之间的交叉融合日益频繁。因此，培养具备跨学科能力的研究生对于解决复杂问题和推动学术创新至关重要。跨学科能力是指研究生能够在多个学科领域中获得深入的知识，并能将这些知识应用于实际问题的解决。这种能力的培养要求研究生在学习过程中不仅要掌握本专业知识，还要积极参与跨学科的学术交流和合作。例如，他们可以参加不同学科的研究小组，参与学术会议和研讨会，与不同背景的学者和研究者进行交流。通过这些实践，研究生可以拓宽自己的学术视野，增强自己的综合能力。综合能力是指研究生在学术、实践和人际交往等方面的综合素质。在研究生阶段，学生不仅需要掌握扎实的学科知识，还需要具备批判性思维、问题解决能力、创新能力和团队合作精神等。为了培养这些能力，美国的研究生教育注重学生的实践经验和综合素质培养。研究生可以通过参加实习、实验室研究、学术竞赛等活动来增强自己的实践能力和创新能力。同时，他们通过参与团队项目和合作研究，培养自己的团队合作精神和人际交往能力。

(二) 职业发展与就业竞争力

随着全球化的不断深入，研究生需要具备国际视野和跨文化交流能力，以适应快速变化的职业环境和全球化的就业市场。

职业发展是指研究生在专业领域内不断提升自己的知识和技能，以实现个人职业目标的过程。美国的研究生教育注重培养学生的专业素养和实践能力，通过提供丰富多样的课程和实践机会，帮助学生建立起扎实的专业基础。此外，研究生可以参与学术研究项目、实习和职业导师计划等，以拓宽自己的职业发展渠道。

就业竞争力是指研究生在就业市场上脱颖而出的能力。培养学生具备全球就业竞争力，包括跨国企业背景、国际市场拓展、国际经济和法律等相关知识，增强职业发展能力。在全球化的就业市场中，研究生需要具备良好的语言能力、国际视野、跨文化交流和领导能力等，才能在激烈的竞争中脱颖而出。研究生可以通过参加职业培训、职业导师计划和实习等活动来提升自己的就业竞争力。

此外，我国高校应提供职业咨询和就业指导服务，帮助研究生制定职业规划和发展路径。

（三）社会责任与公民意识

培养学生具备社会责任感和公民意识，注重社会问题和发展挑战，能够为社会作出积极贡献。研究生需要关注社会问题，积极参与社会活动，并具备全球视野和跨文化交流能力。

1.社会责任感

社会责任感是指研究生对社会问题的关注和参与。为了培养学生的社会责任感，美国的研究生教育侧重培养学生的公民意识和社会参与能力。研究生可以通过参与社区服务、志愿者活动和社会实践等，积极参与社会活动，关注社会问题，并为解决社会问题作出贡献。

2.公民意识

公民意识是指一个人对自身作为公民的身份和责任的认同和理解。它是一个人对于社会、国家和政治体系的认识和参与意识，是对于公共事务和社会问题的关注和参与的态度和行为。美国研究生教育在培养学生的公民意识方面采取了一系列的措施。

第一，许多大学在研究生课程中加入了公民教育的元素，包括公民权益、社会责任和参与民主进程的重要性等内容。

第二，研究生教育机构提供了多样的社会实践机会，以帮助学生将所学知识应用到实际情境中。例如，学生可以参与社区服务项目、志愿者工作或实地考察活动，通过亲身经历来深入了解社会问题，并发展自己的公民意识。

第三，美国的研究生教育鼓励学生参与学术研究和知识传播，以推动社会进步和公共利益。学生可以通过撰写学术论文、参与学术会议和发表研究成果等方式，向社会传播知识、分享见解。

美国研究生教育国际化的培养目标包括了社会责任与公民意识的培养。这些目标的实现需要研究生积极参与学术交流和合作，注重研究生的实践经验和综合素质的培养，鼓励研究生关注社会问题，积极参与社会活动，通过这些努力培养复合型人才，为社会发展作出贡献。①

第二节　美国研究生教育的办学特点

美国研究生教育的特点是灵活性、跨学科性和创新精神。整

---

① 潘百齐，魏少华，祝爱武，等. 研究生复合型人才培养研究［M］. 南京：南京大学出版社，2018.

体而言，美国研究生教育致力于培养具备独立思考、跨领域整合、实践操作和国际视野的人才，为学生的未来职业发展奠定基础。

一、美国研究生培养规模与结构特征

（一）规模方面

美国研究生培养规模相对庞大，是世界上较大规模的研究生教育体系之一。根据美国教育部的数据，截至 2022 年，美国的研究生在校人数超过 220 万人，占全美高等教育总人数的近10%。

美国研究生教育的规模大，反映了美国高等教育体系的吸引力和广泛的学术资源。①美国拥有众多世界一流的大学和研究机构，吸引了来自世界各地的学生前往深造。中国学生在美国研究生教育中的规模庞大，为中美两国的学术交流和合作作出了积极贡献。

美国研究生教育的大规模也为学生提供了广泛的学术选择和研究机会。美国高校涵盖了丰富的学科领域和研究方向，学生可以根据自己的兴趣和需求选择适合自己的学校和专业。同时，美国高校拥有丰富的研究资源和实验设备，为学生提供了广阔的科研条件和实践机会。学生可以与优秀的导师合作，参与前沿的研究项目，提升自己的学术能力和研究水平。

美国研究生教育的规模也反映了美国高等教育体系对研究生培养的重视和投入。美国高校通常注重培养学生的独立思考和独立研究能力，鼓励学生进行原创性的研究工作。此外，美国高校为学生提供了丰富的科研机会和国际交流平台，如学术

---

① 於荣. 美国研究型大学"黄金时代"的形成与发展［M］. 杭州：浙江大学出版社，2018.

会议、科研项目、国际合作等。这些机会可以帮助学生拓宽学术视野，增加国际交流经验，提升自己在全球学术舞台上的竞争力。

总之，美国研究生培养的规模很大，为我国学生提供了广泛的学术选择和研究机会，有利于拓宽我国研究生的学术视野，提升学术能力，促进中美两国的学术交流和合作。同时，中国学生在美国研究生教育中的规模庞大，也反映了中国学生对教育国际化的追求和对自身学术发展的重视。他们将所学的知识和经验带回中国，为中华民族的发展和进步作出积极贡献。

（二）结构特征方面

美国研究生结构特征体现了其多样化和灵活性，为学生提供了广泛的学术选择和研究机会。

1.学位类型多样化

美国研究生教育涵盖了多种学位类型，包括硕士和博士学位。硕士学位通常分为专业型硕士（professional master's degree）和学术型硕士（academic master's degree）两类，前者注重职业培养和实践能力，后者注重学术研究和理论知识。博士学位则是最高学术学位，培养学生成为独立的学者和其他研究人员。

2.灵活的学制和学习方式

美国研究生教育的学制和学习方式相对灵活。一般而言，硕士学位需要2~3年的学习时间，博士学位则需要3~7年。学生可以根据自己的学习进度和研究需求来安排学习计划。此外，美国高校提供了多种学习方式，包括课堂教学、实验室研究、研究项目等，以满足学生的不同学习需求。

3.导师制度和科研机会

美国研究生教育注重培养学生的研究能力和学术独立性。每位研究生通常都有一位导师负责指导其研究工作，并提供专业指导和支持。导师制度可以帮助学生确定研究方向、制订学术计划，并与学生共同参与研究项目。此外，美国高校为学生提供丰富的科研机会，如实验室研究、学术会议、科研项目等，以培养学生的科研能力和学术交流能力。

总之，美国研究生结构特征为学生提供良好的学术发展平台，帮助他们拓宽学术视野、培养研究能力，并提供广阔的职业发展机会。

二、美国研究生培养模式

（一）美国研究生的培养类别

美国的硕士研究生培养模式大体上可以分为学术型硕士与专业型硕士。其社会化市场化促进了教育与市场的融合，也有效地衔接了博士学位。

1.学术型硕士

在美国，硕士研究生培养模式的多样性给学生提供了较多选择的机会。学术型硕士也称学术硕士，主要培养的是希望成为高校教师或者继续深造的学生。通常，学术硕士需要修读30~60个学分。在这个过程中，学生将深入学习他们所选择的领域，并进行研究和写作。学术硕士的课程注重学术理论和研究方法的培养，为学生提供了扎实的学术基础，为他们进一步攻读博士学位或者从事教学工作打下了坚实的基础。

2.专业型硕士

与学术型硕士相对应的是专业型硕士，也称专业硕士。专业硕士的特点是多样化，并且与市场需求密切相关。它主要培养的是在特定领域拥有专业技能的人才。这些领域包括商科、新闻、国际关系、建筑、城市规划等。专业硕士的课程设置与实际工作需求紧密结合，注重培养学生的实践能力和专业技能。这种社会化、市场化的培养模式极大地促进了教育与市场的融合，使得学生毕业后更容易就业，并能够迅速适应工作环境。

3.博士

博士研究生也是美国研究生培养的重要组成部分。博士研究生的培养主要由专家和教授共同负责，他们将为学生提供学术指导和支持。在完成研究项目后，学生需要通过专业考试并进行论文答辩，才能获得博士学位。博士研究生培养注重培养学生的独立研究能力和创新能力，使他们能够在学术界或者其他领域成为专家和领军者。

美国的研究生培养模式多样，旨在培养具有高级学术能力和专业技能的人才。无论是学术型硕士还是专业型硕士研究生，还是博士研究生，学生都将在自己选择的领域中得到深入提高，为未来的职业发展打下坚实的基础。

（二）美国研究生的基本学制

美国研究生教育的基本学制体现了其灵活性和个性化的特点，为学生提供了多样化的学习方式和学术选择。

1.硕士学位学制

美国硕士学位通常需要两年左右的学习时间。学制的长度可以根据专业和学校的要求而有所不同。硕士学位的学制较短，适合那些希望快速获得专业技能和职业培养的学生。在学制中，硕士研究生需要完成一定的学分要求，并通过考试或论文等方式完成学位要求。

2.博士学位学制

美国博士学位的学制较长，通常需要3～7年。学制的长度主要取决于研究项目的复杂性和学生的研究进展。博士学位的学制注重培养学生的独立研究和学术能力。在学制中，博士研究生需要完成一定的课程学分要求，并通过综合考试和博士论文答辩等方式达到学位要求。

美国研究生教育的学制有一定的可选择性，所以学生可以根据自己的兴趣和目标选择课程和研究方向，并在导师的指导下进行研究工作。这种灵活性使得学生能够更好地发挥自己的学术潜力，并根据需要进行学术调整和发展。

美国研究生教育鼓励学生进行跨学科的学习和研究。学生可以选择跨学科的课程和项目，参与不同学科领域的研究工作。

此外，美国高校注重培养学生的综合能力，鼓励学生参与多个学科领域的学习和研究，以培养学生的综合素质和创新能力。

总之，美国研究生教育的基本学制体现了其灵活性和个性化培养的特点。学生可以根据自己的学习兴趣和目标选择适合自己的学位类型和学制，并在期间积极参与学术研究和实践活动。中国学生在美国研究生教育中的积极参与，不仅可以获得丰富的学术经验和知识，还可以为中国的发展带来新的思维和创新力，为中华民族的进步和繁荣作出积极贡献。

（三）美国研究生的淘汰制

随着全球化的发展和国际交流的增加，一些中国学生选择到美国攻读研究生学位。相比于国内的研究生入学考试，美国研究生的录取条件相对宽松，只要拥有本科学历并通过大学相关部门的审查，就有机会入学。但是一个不容忽视的特点是，美国研究生的高淘汰率以及宽进严出的制度，使得美国研究生毕业之后很多都没有拿到学位证。

美国研究生淘汰制度的严格性可以从多个方面来体现：

第一，在学习过程中，学生需要完成一系列的课程和研究项目，还要通过各种形式的考试，包括课堂考试、论文答辩等。这些考核形式严格要求学生掌握扎实的专业知识和研究能力。

第二，导师对学生的要求高，他们会对学生的研究进展进行严格的监督和评价，确保学生的研究工作达到一定的水平。

第三，学校对学生的学术成果和研究质量有严格的评估标准，学生需要通过发表学术论文、参加国际会议等方式来证明自己的学术能力和研究水平。

这种高淘汰率和严格的评估体系使得美国研究生教育充满竞争。进入研究生阶段后，学生不仅需要具备扎实的专业知识，还需要具备良好的科研能力、创新能力和团队合作能力。他们需要不断地追求卓越，与同学竞争，争取更好的成绩和学术地位。这种激烈的竞争环境虽然锻炼了他们的自身素质和能力，但也给学生带来了一定的压力。

美国研究生的高淘汰率和宽进严出的制度从根本上保证了研究生教育的质量。这种制度不仅能够筛选出优秀的学生，培养出高水平的研究人才，也能够提升整个教育体系的竞争力和国际声誉。

美国研究生的淘汰制度与质量评估体系严格而有效。虽然录取条件相对宽松，但是进入研究生阶段后的激烈竞争和高要求，使得成功毕业的学生具备了很高的个人素质和学术水平。这也使得美国研究生教育在国际上具有一些影响力。

（四）美国研究生的质量评估体系

美国教育部的学校认证机构负责对高校进行评估，以确保其符合教育质量和学术标准。这些机构会对高校的教学质量、研究能力、学术资源等方面进行审查和评估。认证机构的认可是学校获得联邦资助和学位授予权的重要依据。

美国的学科排名和评估机构对各个学科领域进行排名和评估，以衡量学科的学术水平和研究质量。这些排名和评估通常基于多个指标，包括研究产出、引用次数、学术声誉等。知名的排名机构包括 U.S. News、QS 和泰晤士高等教育（Times Higher Education）等。根据 U.S. News 的 2024 年研究生学科排名数据，美国的研究生教育在众多学科领域都有所表现。例如，在工科排名中，麻省理工学院、斯坦福大学、加利福尼亚大学伯克利分校等名列前茅；在商科排名中，宾夕法尼亚大学位列第一，麻省理工学院和加利福尼亚大学伯克利分校并列第二。此外，美国研究生教育注重对学生研究能力和学术成果的评估。学生通常需要完成研究项目，撰写学术论文，并通过综合考试和博士论文答辩等方式达到学位要求。学生的研究成果和学术表现也会被导师和学校进行评估和认可。

总之，美国研究生的质量评估体系通过学校认证和评估、学科排名和评估以及对学生研究能力和学术成果的评估，确保教育质量和学术水平的提高。这些评估体系的存在有助于提高教育质量，为学生提供优质的研究生教育。

第三节　美国研究生教育国际化的经验、问题及启示

总结美国研究生教育国际化的实践经验，我们可以发现美国研究生教育的国际化存在一些问题，可以给我国研究生教育国际化提供诸多启示。

一、美国研究生教育国际化的经验[①]

（一）广泛的课程选择和专业发展机会

美国在吸引全球学生方面取得了显著的成就。美国的研究生教育体系提供了广泛的课程选择和专业发展机会，吸引了来自全球各地的学生。多样化的课程设置是美国吸引国际学生的一个重要因素。美国高校致力于提供丰富多样的学术专业，涵盖了几乎所有学科领域，为国际学生提供了更多的选择机会，满足了他们不同的学术兴趣和职业发展需求。

同时，美国高校积极推动国际学生的招生和培养，为他们提供了独特的学术和文化交流平台。美国高等教育机构在国际招生方面投入了大量的资源和努力，开展了广泛的招生宣传活动，与国际合作伙伴建立了紧密的联系，为国际学生提供了详尽的招生信息和申请支持。

此外，美国高校积极组织各种活动和项目，包括国际学生会议、文化交流活动、学术研讨会等，为国际学生提供与美国学者和学生互动的机会。这种开放的环境和多元化的教育体验吸引了许多国际学生前往美国深造。

---

① 程晋宽，李云鹏，薛李. 如何改进跨学科研究生教育？——基于美国的经验与启示 [J]. 研究生教育研究，2022（4）：90-97.

（二）全方位的支持服务

美国高校对国际学生的支持和关注也是其他国家可以学习的范例。美国的高等教育机构为国际学生提供全方位的支持服务，以帮助他们更好地融入学术环境，促进他们的学习和成长。

首先，他们提供入学指导和申请支持，帮助学生了解申请流程和要求，提供指导和建议，确保学生能够顺利进入合适的研究生项目。

其次，美国高校提供语言培训和文化适应课程，帮助国际学生适应新的学习和生活环境。这些课程旨在提高国际学生的英语水平，加强他们的跨文化交流能力，使他们能够更好地融入学术和社交场景。

此外，美国高校为国际学生提供职业发展支持，包括实习机会、职业指导和校园招聘活动等，帮助他们为未来的职业发展做好准备。

二、美国研究生教育国际化存在的问题及其对我国的启示

（一）国际竞争方面的问题及其对我国的启示

1.国际竞争激烈

美国研究生教育吸引了大量的国际学生，竞争非常激烈。根据美国国际教育研究所的统计数据，2022—2023学年，美国研究生国际学生人数较上一学年同比增长17%，其中中国是第一大生源地（如图2-1和图2-2所示）。

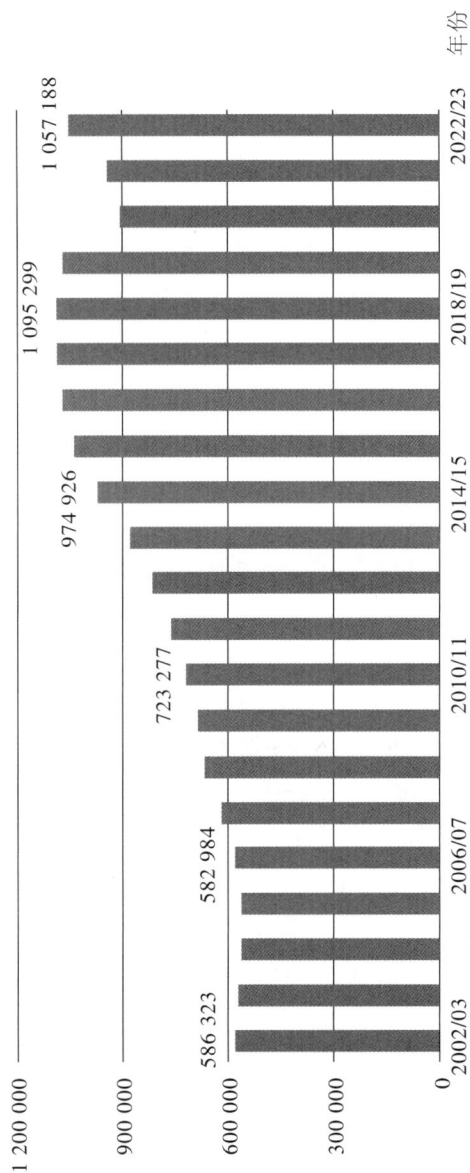

图 2-1 2002—2023 年美国研究生国际学生人数发展趋势

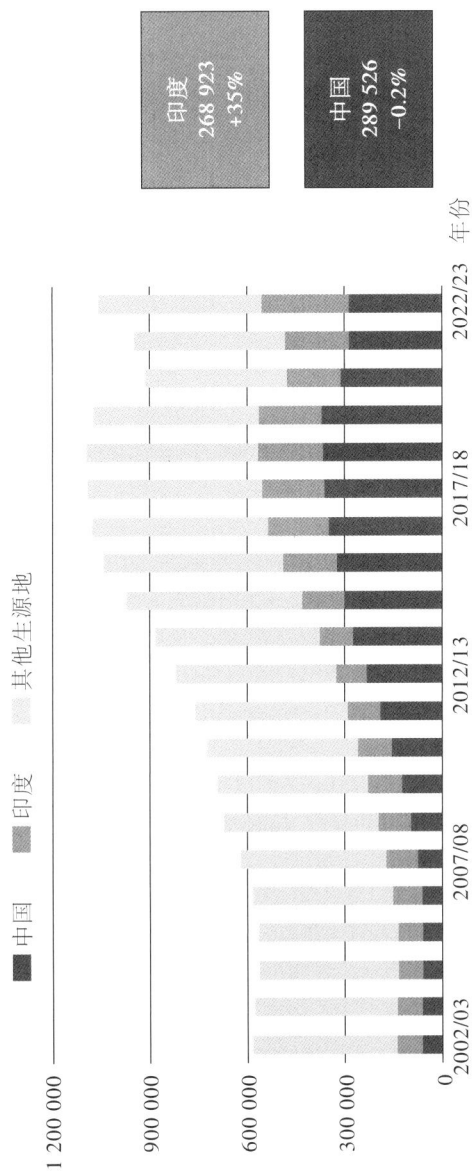

图2-2 2002—2023年美国研究生国际学生两大生源地

由于竞争激烈和学费负担增加等原因，部分国际学生可能面临入学和维持生活的困难。

（1）高度竞争的录取率

美国研究生院校的录取率通常非常低，尤其是在知名学府和热门专业中。据美国教育部截至2023年的数据，一些顶尖学校的录取率通常仅为10%以下。这使得国际学生面临更加激烈的竞争，需要具备出色的学术能力和个人素质。

（2）高昂的学费和生活费用

美国的研究生学费普遍较高，并且国际学生通常需要支付更高的学费。生活费用也是国际学生需要考虑的重要因素。这使得来自经济发展水平较低的国家的学生面临经济压力，增加了留学的困难。

（3）签证和移民的限制

美国的签证和移民政策对国际学生的影响也是国际学生竞争激烈的一个因素。政策的变动和限制可能影响学生的选择和申请决策，增加了留学的不确定性。

2.对我国的启示

通过提高教育质量和声誉、提供奖学金和资助机会，以及优化签证和移民政策，我国可以吸引更多优秀的国际学生到我国深造，促进我国研究生教育的国际化水平，为中华民族的进步和繁荣作出积极贡献。同时，我国应重视提升本国学生的学术能力和竞争力，使其能够在国际化的研究生教育环境中脱颖而出。

（1）提高教育质量和声誉

我国的研究生教育应该努力提高教育质量和声誉，吸引更多国际学生。通过提供优质的教育资源、专业的导师指导和先进的研究设施，我国将会提升研究生教育的国际竞争力。

（2）提供奖学金和资助机会

我国可以通过设立奖学金和提供资助机会，支持国际学生的留学。这有助于减轻他们的经济负担，吸引更多优秀的国际学生来我国深造。

（3）优化签证和移民政策

我国可以优化签证和移民政策，为国际学生提供更加便利的留学环境。这包括简化签证流程、提供更灵活的签证政策和便利的居留条件等。

（二）学科专业方面的问题及对我国的启示

1.学科专业偏倚

美国研究生教育在一些学科领域更具优势，如科学、技术、工程和数学（STEM）等。这导致了一些学科的国际学生占比较高，而其他学科的国际学生占比较低。

（1）STEM学科的优势

在美国研究生教育中，科学、技术、工程和数学等学科领域通常更受重视。这些学科领域在美国的研究和创新方面具有强大的实力和资源。因此，很多国际学生选择在这些学科领域攻读研究生学位。

（2）人文社科学科相对弱势

相比之下，人文社科学科在美国研究生教育中的地位较低。虽然依然有优秀的高校和研究机构，但在吸引国际学生方面较少。这可能导致人文社科学科的国际学生比例较低。

2.对我国的启示

（1）平衡学科发展

我国应该注重平衡学科发展，在各个学科领域提供优质的研究生教育。这包括加强人文社科学科的研究生培养，提供更多研究资源和支持，吸引更多国际学生来我国深造。

（2）提升人文社科学科的国际影响力

我国可以通过加强人文社科学科的国际交流与合作，提升其在国际学术界的影响力。这包括推动学术合作项目、举办国际学术会议等，为人文社科学科的国际学生提供更多的学术交流和合作机会。

（3）多学科交叉与综合培养

我国可以鼓励学生进行多学科的交叉学习和研究，培养跨学科的综合素质。这有助于培养具有广泛学术视野和创新能力的高层次人才，提升我国研究生教育的国际竞争力。

总之，美国研究生教育国际化存在学科专业偏倚的问题，对我国研究生教育具有借鉴意义。通过平衡学科发展、提升人文社科学科的国际影响力，以及鼓励多学科交叉与综合培养，我国可以吸引更多国际学生来我国深造，提升我国研究生教育的国际化水平，为中华民族的进步和繁荣作出积极贡献；同时，应重视本国学科的发展，提升我国在国际化的研究生教育环境中的竞争力。

（三）学术文化方面的问题及对我国的启示

1.学术文化差异

美国研究生教育国际化进程中存在的问题主要包括文化冲突和语言障碍。这些问题在国际学生中更为突出，他们来自不同的文化背景和语言环境，面临适应新的教育体系和社交环境的挑战。

（1）文化冲突

国际学生在美国研究生教育中可能遇到与他们本国文化观念不同的教育方式和学术价值观。例如，在一些文化中，学生被鼓励在课堂上提问和参与讨论，而在其他文化中，学生可能更习惯于被动地听讲。这种差异可能导致国际学生的困惑和不适应。

（2）语言障碍

国际学生更多地需要用英语学习和交流，但不同的语言背景和水平可能导致他们在口语和写作方面遇到困难。这可能影响他们的学习和社交能力，使他们感到孤立和不自信。

2.对我国的启示

（1）加强对我国学生的文化适应培训

为了帮助我国研究生更好地适应国际化的教育和社交环境，可以提供一系列的培训课程和资源，包括文化差异、学术价值观、社交礼仪等方面的知识和技能。

（2）提供语言支持

为了帮助我国学生克服语言障碍，我们可以提供英语语言培训课程和资源，如语言辅导、写作指导等。此外，我们可以鼓励国际学生参与英语角、演讲比赛等活动，增强他们的口语表达能力和自信心。

（3）建立跨文化交流和支持网络

为了帮助我国学生更好地融入国际化的研究生教育，我们可以建立跨文化交流和支持网络，包括组织文化交流活动、设立国际学生俱乐部等。这样可以提供一个互相支持和分享经验的平台，帮助学生建立友谊和适应新的环境。

总之，研究生教育国际化进程中存在的文化冲突和语言障碍问题需要得到重视和解决。通过加强文化适应培训、提供语言支持以及建立跨文化交流和支持网络等措施，我们可以帮助学生更好地适应和融入研究生教育国际化，为我国研究生教育提供更好的支持和帮助，推动我国研究生教育的国际化发展。

第三章　英国研究生教育国际化概况

第一节　英国研究生教育国际化的办学理念和培养目标

一、英国研究生教育国际化的办学理念

英国研究生教育国际化理念是其在研究生教育领域追求国际化的一种理念。这一理念在一定程度上得到了成功的实践，但也存在一些问题。

英国研究生教育国际化理念主要体现在其培养方案设计中对全球化背景下需求的深刻理解，强调跨文化交流能力的培养以及对国际学术标准的遵循。英国高等教育机构普遍采取开放的态度，积极吸引各国的学生，通过提供多样化的课程内容、

灵活的学习方式以及与国际企业的合作项目，使得研究生教育不仅限于学术研究的深化，更注重实践能力与国际视野的兼备。

然而，英国研究生教育国际化的推进也面临诸多问题。

第一，在学生构成上，国际学生的比例日益增大，而这带来了语言沟通、文化适应等问题。尽管多元文化背景的学生群体能够为学术交流增添活力，但也可能由文化差异造成交流障碍，影响教学效果。

第二，课程国际化在实施过程中往往需要克服本土需求平衡点，这并不容易。教师队伍的国际化程度也未能完全跟上学生构成的多元化，这在一定程度上限制了教育国际化的深入发展。

第三，随着全球化的发展，国际学生的就业市场竞争愈发激烈，英国研究生教育的就业支持体系需进一步优化，以帮助学生更好地适应全球化就业环境。

二、英国研究生教育国际化的培养目标①

英国研究生教育国际化的培养目标是通过让学生研习更加深入和专业化的学科相关知识及方法、技术，培养学术相关专业领域或更宽广领域的高水平应用型人才。例如，牛津大学社会科学课程型硕士研究生教育定位于全球战略高度，极为重视培养研究生的国际视野。从代表性案例看，牛津大学社会科学课程型硕士研究生的培养目标清晰，培养方式比较有特色。工商管理硕士项目以商业准则为核心培养企业管理者和领导者，训练研究生的国际战略视野和洞察力。高等教育硕士项目旨在培养未来学科领域的学术研究者、政策制定者和实践领导者，为高等教育发展、评

---

① 李明磊，王雅鑫. 英国课程型研究生教育：发展基础、培养实施及启示［J］. 学位与研究生教育，2021（12）：86-93.

估服务。法律与金融硕士项目通过在法律中应用经济学和金融学知识，与国际时事接轨，将学术内核与工作实际应用相结合，增进跨学科理解。经济与社会历史硕士项目则综合研习经济学、社会学、历史学的研究方法，以国际前沿问题为切入点，为学科领域问题研究提供独特框架，奠定学生攻读博士学位或从事历史相关工作的基础。

（一）知识与理解深化[①]

1.英国研究生教育着重于学生在本科基础上的知识深化和理解提升

通过高级课程学习和专业训练，研究生对所学领域的理论、原理和实践有更深层次的掌握。此外，学生将了解最新的研究进展和学术动态，为进一步的研究或专业实践打下坚实的基础。英国的研究生教育体系不仅是对学生已有知识的巩固和拓展，更加注重学生批判性思维的培养和研究能力的提升。研究生课程设计旨在引导学生跳出课本，通过研讨会、案例分析、实验设计等多种教学方式，培养学生独立分析和解决问题的能力。在这一教育阶段，学生不仅将系统学习到本领域的理论，还会通过实践操作，如参与实验室的研究项目或与企业合作的应用研究，来加深对知识的实际应用和技术操作的理解。

2.对最新研究成果的追踪和理解成为课程的重要组成部分

研究生教育强调学术不断前进的特性，因此，对最新研究成

----

① 李均，邓小毛，李汝青. 英国课程型研究生教育模式及其借鉴意义——基于5所红砖大学的考察［J］. 世界教育信息，2021，34（4）：49-55.

果的追踪和理解成为课程的重要组成部分。学生将有机会接触到领域内的顶尖学者和他们的研究工作,通过参加学术会议、阅读最新的学术论文和参与高水平的学术讨论,不断提升自己的研究视野和学术深度。这种与时俱进的学习方式不仅激发了学生对所学领域的热情和好奇心,也为他们将来在学术界或工业界的发展奠定了坚实的理论基础和知识素养。

3.英国研究生教育十分注重学术伦理和研究方法论的教育

学生将学习如何合法合规地进行科学研究、如何进行有效的数据收集和分析,以及如何公正地评价自己和他人的研究。这些能力的培养对于学生未来成为一个负责任和有影响力的学者至关重要。

(二)研究技能的培养

研究技能的培养是英国研究生教育的核心培养目标之一。学生将通过参与研究项目、撰写论文等方式,学习如何独立开展科学研究。这包括问题的提出与分析、资料的收集与整理、研究方法的选择与应用、数据分析以及研究成果的撰写和发表。

在英国研究生教育体系中,研究技能的培养被赋予了很强的重要性。研究生不仅要通过实践环节亲身体验科研的全过程,更要在专业导师的指导下掌握独立研究的关键要素。这一过程着重培养学生的批判性思维能力,使其能够在科学探究中提出具有价值和创新性的问题,并对这些问题进行深刻的分析。在问题提出与分析的阶段,学生将学习如何界定研究范围,确立研究假设,并设计出可行的研究方案。这一阶段对学生的逻辑思维能力和创新意识提出了较高的要求,学生需要学会如何在现有的研究基础上提出新的视角或挑战现有的理论。

　　资料的收集与整理则是研究过程中不可或缺的一环。学生需要掌握各种数据获取的技巧，包括但不限于文献检索、实验设计、调查问卷、采访等。在这个基础上，合理的数据存储和管理，以及对知识产权和伦理问题的敏感性，同样是研究技能中不可忽视的一部分。研究方法的选择与应用要求学生具备多元化的思维模式和技能。英国研究生教育鼓励学生跨学科学习，从而能够根据研究对象和目标选择最合适的方法论。无论是定量研究还是定性研究，或是它们的结合，学生都需要能够熟练地运用到实际的研究中，并根据研究进程灵活调整研究策略。数据分析是验证研究假设、展示研究成果的关键一步。英国研究生教育注重培养学生运用统计学、数据挖掘等方法对数据进行有效分析的能力。通过这些技能的学习和应用，学生能够对数据进行深入解读，揭示数据背后的科学规律和社会意义。研究成果的撰写和发表是研究技能培养的终极体现。学生必须学会如何将复杂的研究过程和结果清晰、准确地表达出来。这不仅包括学术论文的撰写规范，还包括对研究内容进行逻辑组织和沟通。在这个阶段，学生将学习如何将自己的研究成果呈现给同行评审，并通过参加学术会议、研讨会等平台，与国内外学者进行交流和讨论。

（三）职业技能与道德素养

　　除了理论知识和研究能力的培养，英国研究生教育还注重学生职业技能的提升和职业道德的培育。通过实习、案例分析和职业导向的课程，学生将了解和掌握在实际工作中所需的技能，并培育良好的职业道德观念，为将来进入职场做好准备。

　　在英国的研究生教育体系中，除了理论知识和研究能力的培养，教育者们深知职业技能的重要性，以及职业道德在塑造专业人才中的关键作用。因此，英国的高等教育机构通常会设计一系列切合实际的教学活动，旨在帮助学生建立起与职业生涯紧密相关的能力框架。实习经历，尤其对于研究生来说，是一种极为宝贵的学习机会。英国的许多研究生课程都会提供或者鼓励学生参加实习，以便他们能够在真实的工作环境中应用和测试他们的理论知识。实习不仅是关于专业技能的锻炼，更是一次深入了解行业文化、工作流程、团队合作和职业发展道路的机会。

研究生在这一过程中不仅能够提升自我管理和解决问题的能力，还能够理解到诚信、责任感、尊重他人和社会规范等职业道德的重要性。

案例分析是另一种有效的教学工具，尤其在法律和医学等领域。通过对真实或者模拟案例的深入研究，学生能够锻炼批判性思维和决策能力，也能够从中体会到专业行为标准和伦理决策的复杂性。在案例分析中，学生不仅要分析问题、提出解决方案，还要考虑到解决方案的社会影响和道德后果。这样的教学活动有助于学生深刻理解在职业生涯中每一项决策都应当基于社会责任和职业伦理。

职业导向的课程则更加直接地将教学内容与工作技能相结合。无论是公共演讲、项目管理，还是商务谈判和数据分析，这些课程都旨在传授学生那些即刻可用、对职业发展至关重要的技能。同时，这些课程通常涉及职场文化、人际关系和职业规划等内容，帮助学生构建起更加全面的职业技能体系。

第二节　英国研究生教育的办学特点

英国的研究生教育有和美国研究生培养的不同之处。简单来讲，英国的研究生可以划分为两种类别：一种是授课式（taught postgraduate pregame），学生可以选择参加一些授课式的课程（taught courses），时间持续一年到一年半。另一种是研究式（research postgraduate pregame），持续时间一般是 3 年左右，主要参加一些研究式的课程，协助导师的项目计划进行相关的研究工作，为之后的博士学位作衔接。[1]按照种类来划分，硕士研究生可被分为理学硕士（master of science）、文学硕士（master of arts）以及哲学硕士（master of philosophy，MPhil）等类别。

一、多元化的学术领域和专业选择

英国研究生教育以其广泛的学术领域和丰富的专业选择而闻名于世。无论是自然科学、社会科学、人文学科还是艺术设计等，英国的高等教育机构都提供了多样化的研究生课程供学生选择。[2]这种多元化的学术领域和专业选择使得学生能够根据自己的兴趣和职业发展需求来选择适合自己的研究方向，从而实现个性化的学术发展。

二、注重研究和实践结合

英国研究生教育强调研究和实践的结合，鼓励学生在课程学习中积极参与研究项目和实践活动。无论是通过实习、实验还是独立研究，学生都能够将理论知识应用到实践中，并培养批判性思维和解决问题的能力。这种注重研究和实践结合的教学方式使得学生能够在学术和职业领域中具备更强的竞争力。

---

① 包水梅，杨玲，金鑫. 英国促进研究生导师专业化发展的策略与启示 [J]. 学位与研究生教育，2021（10）：68-76.

② ERNEST R. The highest education：A study of graduate education in Britain [M]. London：Taylor & Francis，2018.

三、强调个人发展和自主学习

英国研究生教育注重培养学生的个人发展和自主学习能力。学生在研究生阶段不仅需要掌握专业知识和研究方法，还需要培养自主学习的能力，以适应未来职业发展的需求。英国的高等教育机构提供了丰富的学术资源和支持服务，如图书馆、研究中心和学术导师等，为学生提供了良好的学习环境和学术指导。学生可以通过参与学术研究、学术会议和学术交流等活动，拓宽自己的学术视野，并提升自身的学术水平。

英国研究生教育以其国际化的学术环境和多元文化体验而备受推崇。许多英国高等教育机构吸引了来自世界各地的学生和学者，创造了充满多样性和实现交流的学术社区。学生可以与来自不同国家和文化背景的同学进行互动和合作，拓宽自己的国际视野和提升跨文化交流能力。此外，许多英国高等教育机构提供国际交流项目和合作研究机会，使学生有机会参与全球性的学术合作和项目，培养跨国界的合作能力和全球视野。

四、严格的学术标准和评估体系

英国研究生教育以其严格的学术标准和评估体系而闻名。学生在研究生阶段需要通过一系列的学术评估和考试来展示自己的学术能力和研究成果。这种严格的评估体系不仅能够保证教育质量的高水平，还能够激发学生的学术动力和追求卓越的精神。此外，英国的高等教育机构注重学术诚信和研究道德，要求学生在学术研究和写作中遵守学术规范和道德准则，以保证学术研究的真实性和可靠性。

五、良好的就业机会和职业发展支持

英国研究生教育为学生提供了良好的就业机会和职业发展支

持。许多英国高等教育机构与行业和企业建立了紧密的合作关系，提供实习和就业机会，使学生能够在学习期间获得实际工作经验。此外，英国的高等教育机构提供职业指导和就业服务，帮助学生制定职业规划，提供求职技能培训，并与企业和组织进行对接，提供就业推荐和职业咨询等支持。这种关注学生就业和职业发展的支持措施，为学生顺利融入职场并实现自身职业目标提供了有力支持。[①]

总之，英国研究生教育以其多元化的学术领域和专业选择，注重研究和实践结合，强调个人发展和自主学习、国际化的学术环境、多元化的文化体验、严格的学术标准和评估体系以及良好的就业机会和职业发展支持而备受认可，为学生提供了一个良好的学习平台。无论是学术研究还是职业发展，英国的研究生教育有助于增强学生的创新能力和解决问题的能力，有利于培养他们成为专业化人才。

第三节　英国研究生教育国际化的经验、问题及启示

英国研究生教育的国际化成为一个备受关注的话题。然而，这一进程也存在一系列问题。英国研究生教育国际化存在的问题需要我们认真思考和解决；同时，我们可以从中借鉴经验，探索推进我国研究生教育国际化的方向和路径。这样才能促进研究生教育的国际化发展，为培养更多具有国际视野和竞争力的人才作出贡献。

---

　　① 乔刚，娄枝. 美英社会组织参与研究生教育治理的方式、共性及启示 [J]. 研究生教育研究，2020（1）：85-90.

一、英国研究生教育国际化的经验

对于英国研究生教育的国际化培养模式，我国应该能够取其精华，去其糟粕。英国高校的研究生教育考核非常严格，而且大部分学校没有补考制度，那么意味着考核不合格就拿不到学位。

（一）自由多样的培养授课模式和严格的考核制度及其对我国的启示

1.自由多样的培养授课模式和严格的考核制度

英国的研究生教育随着社会的发展和变化而不断改进和变通，实行"授课式"研究生教育和"兼读制"研究生教育相结合的方式，先后采用了"研究式""专业式""教学式""协作式"的多样培养授课模式。

（1）自由多样的培养授课模式

英国研究生教育以其自由多样的培养授课模式而闻名。在英国的大学里，学生可以根据自己的兴趣和职业目标选择各种各样的课程和专业方向。与传统的教育模式相比，这种自由度为学生提供了更多的选择和发展空间。

第一，注重培养学生的独立思考和批判性思维能力。在课堂上，教师往往鼓励学生积极参与讨论和提出自己的观点。学生也被鼓励进行独立研究和创新实践，以增强他们的学术能力和解决问题的能力。

第二，注重培养学生的实践能力。许多课程都包括实地考察、实习和实验等实践环节，以帮助学生将理论知识应用于实际工作中。这种实践教学模式有助于学生培养实际操作和解决问题的能力，提升他们的就业竞争力。英国高校还鼓励学生参与多样化的学习活动和项目。学生可以选择参加学术研讨会、学术交流活动、社团组织等，丰富自己的学术和社交经验。这种多样化的学习模式不仅提高了学生的综合素质，还培养了他们的团队合作和领导能力。

（2）严格的考核制度

英国研究生教育的严格的考核制度是其成功的关键之一。在这个制度下，学生需要通过多种形式的考试、研究论文和实践项目等来评估他们的学术能力和成绩。

第一，注重学生的学术表现。学生在课堂上需要积极参与讨论、完成作业和项目，并按时提交论文和报告。这些作业和项目不仅要求学生具备扎实的理论知识，还要求他们具备独立思考和解决问题的能力。

第二，注重学生的研究能力。学生通常需要选择一个研究课题，并进行独立的研究和写作。他们需要收集、分析和解释数据，并撰写一篇研究论文来展示他们的研究成果。这种研究论文不仅要求学生具备扎实的研究方法和技巧，还要求他们具备清晰的逻辑思维和严谨的学术写作能力。

第三，注重学生的实践能力和项目实施能力。学生可能需要进行实地考察、实习或实验，并提交相关的实践报告和项目成果。这些实践项目不仅要求学生具备实际操作和解决问题的能力，还要求他们具备团队合作和领导能力。

英国研究生教育的严格的考核制度确保了学生的学术水平和综合素质得到全面评估。它注重学生的学术表现、研究能力和实践项目，为学生提供了一个公平、公正和有挑战性的学习环境。

2.对我国的启示

我国的研究生教育也应推进培养模式和授课模式的灵活多样化，不同类型的学位有不同的可供选择的培养模式，争取在培养计划和手段上有所创新和改革。根据不同类型的学位设计不同培养目标和培养方案，并采取不同的教学内容和方法，体现各学科各自的特点、要求及特色。

（1）借鉴自由多样的培养授课模式

通过提供丰富多样的课程和专业方向，学生可以根据自己的兴趣和职业目标进行个性化的学习和发展。这种自由度有助于培养学生的独立思考和创新实践能力，提高他们的学术水平和竞争力。

（2）借鉴严格的考核制度

我国可以通过多种形式的考试、研究论文和实践项目等来评估学生的学术能力和成绩，全面评估学生的学术水平和综合素质。这种严格的考核制度有助于激发学生的学习动力和努力，增强他们的学术表现和研究能力。

总之，我们应该始终将国家的发展放在首要位置，为国家的科技进步和社会发展贡献自己的力量。同时，我们应该注重培养研究生的国家意识和责任感，让他们成为国家建设的中坚力量，以推动我国研究生教育的国际化发展。

（二）国际化教育的质量和声誉提升及其对我国的启示

1.国际化教育的质量和声誉提升

（1）国际化教育的质量提升

随着全球化的发展，国际化教育在英国研究生教育中扮演着越来越重要的角色。国际化教育不仅简单地提供英语教学，而且通过多元文化的融合和交流，提供一种全球化的学习环境，培养具有国际视野和跨文化交流能力的人才。在英国的研究生教育实践中，国际化教育的质量提升体现在以下几个方面：

　　第一，在课程设置上，英国研究生教育注重培养学生的全科视野。英国的研究生教育将国际化元素融入各个学科领域中，通过引入国际化的课程内容和案例分析，使学生对全球事务有更深入的了解和认识。同时，英国的研究生教育鼓励学生参与国际学术交流和实践活动，通过与来自不同国家和地区的学生和教师互动，增强学生的国际交流和合作能力。

　　第二，在教学过程中，英国的研究生教育注重培养学生的跨文化交流能力。英国的高等教育机构通过多元化的教学方法和活动，培养学生在不同文化背景下进行有效沟通和合作的能力。此外，英国的研究生教育鼓励学生参与国际实习和交流项目，提供实践机会，使学生能够在跨文化环境中学习和成长。

　　第三，在教学质量上，英国的研究生教育注重培养学生的国际竞争力。英国的研究生教育以其丰富的教学资源和优质的教学团队而闻名。

　　（2）国际化教育的声誉提升

　　国际化教育的声誉提升是英国研究生教育国际化经验的重要体现。在英国的研究生教育中，国际化教育的声誉提升主要体现在以下几个方面：

　　第一，英国的研究生教育具有较高的教学质量和学术声誉。英国的研究生教育以其严谨的教学方法和丰富的教学资源而闻名，吸引了许多国际学生前往留学。此外，英国的研究生教育注重培养学生的创新和实践能力，培养学生的创新精神和实践能力，使学生能够在学术领域中进行独立思考和研究。

　　第二，英国的研究生教育具有广泛的国际合作和交流网络。英国的高等教育机构与世界各地的高校和研究机构建立了广泛的合作关系和交流渠道，通过国际学术交流和合作项目，促进了学生和教师之间的国际合作和交流。这些合作和交流不仅拓宽了学生的国际视野，还提高了学校的国际影响力和声誉。

第三，英国的研究生教育培养的学生具有较强的国际竞争力。在教学过程中，英国的研究生教育注重培养学生的实践能力和创新精神，使学生能够在国际竞争中脱颖而出。此外，英国的研究生教育为学生提供了丰富的就业机会和发展平台，使学生能够在国际舞台上发挥自己的才华和能力。

2.对我国的启示

英国研究生教育国际化的质量和声誉提升给我国提供了一些有启示和借鉴意义的经验和观点。

（1）英国研究生教育国际化注重教育质量的提升

英国建立严格的质量评估体系，对高等教育机构和课程进行评估和认证，这对我国来说具有借鉴意义。我国也需要进一步完善严格的质量评估体系，提升我国高等教育的质量和竞争力。

（2）英国研究生教育国际化注重培养学生的综合能力

英国高等教育机构鼓励学生积极参与科研项目、实习和社会实践，培养学生的创新思维、团队合作和领导能力。这启示我国要注重培养学生的综合素质和实践能力，使他们能够在职场中立即发挥作用。

（3）英国研究生教育国际化注重国际交流与合作

英国高等教育机构与世界各地的大学和研究机构建立广泛的合作关系，鼓励学生参与国际交流和合作项目。这有助于培养学生的国际视野和跨文化交流能力，提高他们的国际竞争力。我们也可以借鉴这一方面，进一步深入与国际交流与合作，提升我国教育的国际影响力。

总之，英国研究生教育国际化的质量和声誉提升给我国提供了许多启示和借鉴意义。我们应该继续加强教育质量的提升，培养学生的综合能力，加强国际交流与合作，坚守爱国主义精神，将国家的需求和发展放在首要位置，为我国教育事业的发展和进步作出积极贡献。

二、英国研究生教育国际化存在的问题及其对我国的启示

（一）英国研究生教育国际化存在的问题

英国作为世界上比较受欢迎的留学目的地之一，其高等教育体系备受赞誉。然而，英国研究生教育国际化也面临一些问题。一是英国研究生教育国际化可能导致英国研究生教育的本土化问题。二是过度追求国际化可能导致英国研究生教育失去自己的特色，从而无法满足国内的需求和发展。三是英国研究生教育国际化面临着质量控制的问题。随着国际学生的增加，如何确保每个研究生都能够得到优质的教育和培养成为一个重要问题。英国高等教育机构需要建立起严格的质量评估体系，对研究生教育进行监管和评估，以确保教育质量的稳定和提高。

1.语言障碍

英国的母语是英语，这可能对来自非英语国家的学生构成语言障碍。虽然许多英国大学提供英语语言支持，但这仍然可能对学生的学习和交流产生一定的影响。此外，缺乏与母语非英语的学生交流的机会也可能限制他们的语言能力的发展。

2.文化适应困难

来自不同文化背景的学生可能面临文化适应的困难。英国的教学和学习方式可能与学生自己国家的不同，这可能导致学生在适应和融入学术环境方面遇到困难。此外，文化差异可能影响学生与同学和教师之间的互动和合作。

3.学费和生活费负担重

研究生教育的学费和生活费不断上涨，使得许多学生面临巨大的经济压力。很多学生需要依赖奖学金、贷款或兼职工作来支付学费和生活费，这可能分散他们的精力和注意力，影响他们的学习成果。这进一步限制了这些学生参与英国研究生教育的机会，从而影响了教育的国际化程度。

4.教育资源配置不公平

英国研究生教育资源配置不公平，是一个值得关注的问题。

首先，大部分顶尖大学集中在伦敦和一些大城市，这导致了资源的不平衡分配。学生在这些区可以接触到更多的学术机构、实验室以及行业合作伙伴，从而获得更多的研究机会和资源支持。而那些边远地区的学生往往面临缺乏资源和机会的困境。

其次，资源分配不公平体现在指导和支持方面。顶尖学府常拥有更多的教授和研究人员，他们能够提供更好的指导和支持。然而，一些地区的学校可能面临教师数量不足的问题，这会影响到学生的学术发展。

（二）对我国的启示

英国研究生教育国际化程度低的问题提醒我们，要加强国际化意识，重视吸引来自不同国家和文化背景的学生。我国可以通过提供奖学金和其他激励措施，吸引更多国际学生来华深造，创造一个多元化的学术环境。

1.提高英语水平

英国研究生教育存在语言障碍的问题，这对我国的教育体系来说也是一个挑战。我们应该重视英语教育，提高学生的英语水平，为他们顺利进入国际化的学术环境做好准备。

2.加强文化适应培训

英国研究生教育国际化程度低的问题表明，文化适应困难是一个普遍存在的问题。我国可以借鉴英国的经验，为出国留学的学生提供文化适应培训，帮助他们更好地适应和融入国外的学术环境。

3.降低经济负担

我国应该认识到学费和生活费负担对于国际留学生来说是一个重要的考量因素。英国高昂的学费和生活费可能导致一些优秀的留学生选择其他国家或地区进行学业深造。因此，我国在招收国际留学生时，应该考虑到这一点，并采取相应的措施来减轻他们的负担。通过设立专门的奖学金计划，我国可以帮助那些有才华但经济条件有限的留学生实现他们的留学梦想。此外，我国可以尝试与企业合作，提供实习和工作机会，帮助留学生减轻经济负担，吸引更多的留学生来我国学习，并提高我国留学生的竞争力。

4.增强教育资源配置公平性

英国研究生教育资源分配不均的问题给我国带来启示。我国应该注重公平，增强教育资源的配置公平性，确保每个学生都能够享受到高质量的教育资源。

我国应该关注研究生教育的国际化发展，为国家的发展培养具有国际视野和全球竞争力的人才。同时，我国要保持对自己国家文化、价值观的尊重和热爱，不忘本土的特色和优势，将国际化与本土化相结合，为我国研究生教育的发展作出贡献。

第四章 日本和韩国研究生教育国际化概况

第一节 日本研究生教育国际化的办学理念、培养目标及办学特点

日本政府很重视研究生教育事业的发展，不断推出新的研究生教育改革计划和措施，处处体现了国际化的办学理念。"TOP30方案""21世纪COE计划"等国家计划的推出，是日本政府为了提高日本大学在国际上的信誉而作出的不断尝试。日本政府在各高校、科研院所也建立了完善的自我审核及评价机制。例如，其按学科分别成立的评估组对350个学术型专业和84个专业硕士点的培养目标、课程设置和培养方式进行摸底调查，并开设研究生教育评估听证会对其进行监督指导。2023年8月29日，日本文部科学省汇总并公布了未来日本全球化人才培养的一揽子

政策——"世界×学习计划",围绕"日本留学、人才交流""优秀留学生、人才的引进与定居""教育国际化"等方面,在高等教育阶段提出了具体方案。

在办学特点与培养目标方面,日本研究生教育注重创新能力以及实践能力的培养。在课程设置方面,日本允许各高校根据自身特色开设独立的研究生课程,同时允许学生选修跨专业选修课。这样既可以使研究生不断扩展学术视野,又能使其实时接触到其他专业先进的研究方法,以适应跨学科综合化的发展需求。

在培养模式方面,日本注重对学生独立分析、创新能力的培养,采用以学生自主学习为主、以教师指导为辅的研究方式,教师主讲的公共课与专业基础课的学习仅占一个学期。之后,学生即进入论文的写作与研究期,多数高校以讨论课的形式进行。而这种课程正是能够锻炼学生的创新与独立分析能力最有效的方式。导师会要求学生每周都对研究情况进行汇报,学生上课时则及时与导师和同学进行交流讨论。之后,导师会有针对性地进行指导或答疑,并提出下一步的具体研究要求。这种方式有效地改变了研究生由"被动听课"到"主动参与创新"的高效课堂培养方式。

一、办学理念

(一)促进学术交流与合作

随着教育全球化的发展,日本的高等教育机构重视与其他国家的高等教育机构的学术交流与合作,这对于提升研究生教育的质量和水平起着重要的推动作用。

在促进学术交流与合作方面,日本的高等教育机构积极召开各种形式的国际学术会议、研讨会和学术交流活动,为学生提供了与来自不同国家和地区的学者和学生交流的机会。这种交流不仅有助于学生拓宽学术视野，增加对不同领域和学术观点的了解，还能够促进学术创新和跨学科研究的发展。

此外，日本的高等教育机构开展国际合作项目，与其他国家的高等教育机构建立合作关系，共同开展研究项目、学术交流和人才培养计划。这种合作不仅能够促进学术资源的共享和优势互补，还能够提升研究生教育的国际竞争力和影响力。

（二）多元化的招生政策与培养模式

为了吸引更多优秀的国际学生，日本的高等教育机构不断改革和完善招生政策，提供更加灵活和多样化的招生渠道和条件。

日本的高等教育机构加强与其他国家和地区的合作与沟通，与各国高等教育机构建立互惠互利的招生与培养关系。通过与其他国家的合作项目，日本的高等教育机构能够吸引到优秀的国际学生，也为本土学生提供了与国际学生交流学习的机会，促进了跨文化交流。

日本的高等教育机构在培养模式上注重个性化和多样化，为学生提供灵活的学习和研究环境。其通过开设不同的专业方向和研究领域，满足学生不同的学术兴趣和需求；同时，为学生提供丰富的实践机会和国际交流项目，培养学生的国际视野和跨文化交流能力。

（三）全球化背景下的职业发展支持

在全球化的背景下，日本研究生教育的目标不仅是培养学术研究人才，更是关注学生的职业发展和就业竞争力。

为了支持学生的职业发展，日本研究生教育机构积极开展职业规划和就业指导服务。他们通过举办就业辅导课程、职业咨询和实习就业机会等方式，帮助学生了解职业市场的需求和趋势，提供有针对性的职业建议和指导，使学生在毕业后能够更好地适应和应对职业发展的挑战。

同时，日本研究生教育机构积极开展与企业和行业的合作与交流，搭建起学生与企业之间的桥梁，促进学生的实践能力和就业机会。他们与各类企事业单位建立合作关系，为学生提供实习和就业机会，提高学生的职业竞争力和就业率。

总之，日本研究生教育国际化的办学理念包括促进学术交流与合作、实施多元化的招生政策与培养模式以及提供全球化背景下的职业发展支持。这些办学理念的实施将有助于提升研究生教育的质量和国际竞争力，培养具有全球视野和跨文化交流能力的优秀人才。

二、培养目标

日本研究生教育的培养目标是为研究生提供深入的专业知识和研究技能，将他们培养成具有创新能力和国际竞争力的专业人才。

（一）注重学科知识的深度和广度

日本研究生教育以其注重学科知识的深度和广度而闻名。在日本的研究生课程中，研究生将通过系统的课程安排和研究项目来深入研究自己的专业领域，以掌握前沿理论和方法。

第一，日本的研究生课程通常由一系列专业课程和研究项目构成。这些课程和项目旨在为研究生提供深入的学科知识和实践经验，以帮助他们成为在自己领域中具有高度专业素质和研究能力的专家。

第二，在学习过程中，学生将接触到一系列前沿的学术理论和研究方法。他们将学习最新的研究成果和领域内的最新发展，以及如何运用这些知识来解决实际问题。通过参与创新性的研究项目和学术讨论，研究生将能够深入理解自己的专业领域，并为其作出贡献。

（二）注重培养研究生的独立思考和创新能力

日本研究生教育注重培养研究生的独立思考和创新能力。在这一过程中，研究生将通过独立完成研究项目和撰写学术论文来深化自己的学术素养和专业知识。这种培养方式不仅能够增强研究生的分析能力和批判思维能力，更能够锻炼他们解决问题的能力。

第一，研究生面临更高的学术要求和挑战。他们需要自主选择研究方向，并通过广泛的文献阅读和实地调研来积累相关知识。通过这样的学习方式，他们能够培养出批判思维的能力，能够对现有理论和观点进行深入的分析和评估。

第二，日本研究生教育也鼓励研究生独立完成研究项目。这些项目旨在让研究生通过自己的努力和创造来解决实际问题。研究生会面临各种挑战和困难，需要运用自己所学的知识和技能，找到解决问题的途径。这种实践性的学习方式不仅能够增强研究生解决问题的能力，更能够培养他们的创新思维和实践能力。

第三，在撰写学术论文的过程中，研究生需要通过深入的研究和分析，将自己的观点和研究成果进行系统的整理和表达。他们需要批判性地思考自己的研究内容，并将其与现有理论和研究成果进行对比和评估。这样的学习方式不仅能够增强学生的学术写作能力，更能够培养他们的创新思维和批判性思维。

（三）注重培养研究生的国际视野和跨文化交流能力

日本研究生教育注重培养研究生的国际视野和跨文化交流能力。通过参与国际学术会议，研究生可以更深入地了解全球学术前沿的动态，与世界各地的专家和学者进行交流和碰撞。这种交流不仅能够让研究生接触到不同学术思潮和研究方法，还能够拓展他们的国际人脉，为将来的学术发展奠定坚实基础。

此外，合作研究项目是研究生教育中的重要组成部分。学生有机会与国际合作伙伴共同参与研究，共同解决具有全球影响力的问题。这种合作不仅能够提升研究生的研究能力和创新能力，还能够培养他们的团队合作意识和跨文化交流能力。

通过与国际学者和学生的密切合作，研究生可以学习到不同国家和地区的学术背景和文化差异，增强自己在国际舞台上的竞争力。[1]

三、办学特点

随着全球化的进程，日本高等教育界也积极响应，致力于提升研究生教育的国际化水平。在办学特色方面，日本的研究生教育着重于国际化的课程设置。

（一）多元化的课程体系

日本研究生教育采取了多元化的课程体系，以满足不同学生的需求。例如，开设了专门的英语授课课程，吸引了大量来自世界各地的留学生。这些课程注重培养学生的跨文化交流能力，提高他们在全球范围内的竞争力。

---

① 李文英，陈元元. 日本硕士专业学位研究生教育的现状及启示 [J]. 学位与研究生教育，2020（3）：66-70.

（二）重视国际合作项目

日本的研究生课程重视国际合作项目。日本的高校与国外大学建立了良好的合作关系，开展联合培养项目，为学生提供了参与国际合作研究的机会。这些合作项目不仅拓宽了学生的学术视野，还促进了不同国家和地区之间的学术交流与合作。通过与国外教授和学生的互动，学生能够更深入地了解其他国家和地区学者的研究方法和学术观点，培养跨文化合作的能力。

（三）注重开展国际化的实践活动

日本研究生教育注重开展国际化的实践活动。日本的高校积极组织学生参与国际会议、学术交流活动以及实地考察等，为研究生提供与国际学术界接轨的机会。这些实践活动不仅能够锻炼研究生的学术研究能力，还能够培养他们的国际视野和跨文化交流能力。通过与国际同行的交流，研究生能够更好地了解国际前沿领域的最新动态，提高自身的学术水平。

第二节　韩国研究生教育国际化的办学理念、培养目标及办学特点

韩国研究生教育国际化呈现出良好的发展态势。近些年，韩国研究生的数量大幅增长，研究生教育的国际化程度不断增强。韩国的大学和研究机构积极开展国际合作，与世界顶尖学府建立良好的学术交流关系。此外，韩国政府设立了各种奖金和资助计划，为国际学生提供经济支持，并提供充足的语言培训和文化适应辅导。

这种国际化趋势对韩国研究生教育带来很大的影响。国际学生的到来丰富了韩国的学术环境，促进了跨文化交流和合作。同

时，韩国研究生教育机构通过提供高质量的教育资源和全球视野，吸引了更多国际学生的关注。

一、办学理念

韩国研究生教育国际化的办学理念旨在培养具有创新能力和国际竞争力的高水平研究人才，同时保持对本国文化和国情的尊重和关注。这一理念的实施体现了韩国高等教育机构对教育国际化的创新思维，并考虑了国家的利益和发展需要。

（一）培养创新能力

韩国研究生教育国际化的办学理念强调培养创新能力。韩国高等教育机构鼓励研究生在研究生阶段积极探索和实践，培养研究生的创新思维和解决问题的能力。研究生被鼓励参与科研项目和创业活动，培养创新意识和创业精神。这种创新性的教育理念有助于培养具有创新能力的人才，推动韩国的科技创新和经济发展。

（二）引进国际化的教育资源和理念

韩国研究生教育国际化的办学理念注重引进国际化教育资源和理念。韩国高等教育机构积极与国外知名大学和研究机构合作，引进先进的教学方法、课程设计和教材资源。这有助于研究生接触到国际领先的学术成果和研究方法，提高他们的学术水平和全球竞争力。同时，研究生会从国际学术交流和合作中受益，拓宽学术视野，与国际同行进行学术交流，促进创新和合作研究。

（三）培养学生的全球意识和跨文化交流能力

韩国研究生教育国际化的办学理念强调培养学生的全球意识

和跨文化交流能力。韩国高等教育机构为研究生提供丰富的国际交流和合作机会，鼓励研究生参与国际学术会议、交流项目和实习经验。这有助于研究生了解不同的文化背景和学术传统，提升他们的跨文化交流能力和拓宽他们的全球视野。同时，研究生能从国际交流中获得启发和创新思维，将国际化的经验应用到自己的研究和职业发展中。

二、培养目标

（一）培养具备国际视野的人才

韩国一直致力于培养具备国际视野的研究生人才。这种培养工作不仅包括在学术领域的深入研究，还涉及培养研究生的跨文化交流能力和全球化思维。

1.培养研究生的创造力和自主思考能力

韩国的大学教育着重培养研究生的创造力和自主思考能力。在韩国的研究生课程中，学生通常会接受严格的研究培训，这包括参与各种学术研究项目、撰写学术论文以及参与国际学术会议等。通过这样的学习和实践，研究生能够掌握先进的研究方法和技巧，培养独立思考和解决问题的能力。

2.培养学生的文化间交流能力

韩国的大学注重培养学生的文化间交流能力。在课程设置上，韩国高校通常包括一些针对国际学生的课程，以帮助他们了解韩国文化和社会背景。此外，韩国高校鼓励研究生积极参与国际学生组织和活动，与来自不同国家和地区的研究生交流和合作。这些举措有助于培养研究生的跨文化交流能力和全球化思维，使他们能够更好地适应国际化的学习和工作环境。

（二）加强国际协作与交流

韩国研究生教育的国际化离不开国际协作与交流。通过与国际高校、研究机构和企业的合作，韩国研究生教育借鉴了先进的教学和研究经验，提供更多的国际化教育资源，为学生提供更广阔的发展平台。

1.与国际高校建立合作关系

韩国高等教育机构与国际高校建立密切的协作关系，开展学术交流项目，包括学术讲座、研讨会和夏令营等方式。韩国的大学还积极邀请国际知名学者来校讲学，为研究生提供了接触专家和学者的机会。韩国政府提供了丰富的奖学金和资助计划，鼓励研究生去海外留学或参与国际研究项目。这为研究生提供了广阔的学术和人际交流平台，使他们能够更好地理解和适应国际化的学术环境。此外，韩国高等教育机构与国际高校联合开设双学位项目，提供更多的国际化教育机会。

2.与国际研究机构和企业合作

韩国高等教育机构与国际研究机构和企业合力开展联合研究项目，共同解决实际问题。这样韩国研究生可以接触到最新的科研成果和技术发展动态，提升自身的研究能力以及创新和实践能力。

（三）提高教师队伍的国际化水平

要实现韩国研究生教育的国际化目标，除了培养学生的国际视野和加强国际合作与交流外，提高教师队伍的国际化水平也是至关重要的。

1.增强教师的国际化背景，提升国际交流能力

韩国高校鼓励教师参加国际学术会议和交流活动，拓宽视野，提高学术水平。此外，韩国高校鼓励教师参与国际合作研究项目，提升教师的研究能力和国际交流能力。

2.加强教师的外语培训和教学能力提升

韩国高校提供外语培训课程和教学资源，帮助教师提升外语水平和教学能力。教师具备良好的外语能力，才能够在国际化的环境中进行教学和交流。

通过实施这些目标，韩国研究生教育能够适应全球化的发展趋势，培养具备国际竞争力的人才。

三、办学特点

韩国一直以来都在致力于提升其教育体系的国际化水平。在研究生教育领域，韩国的办学特点也是别具一格，为国际学生提供了丰富多样的学术资源和优质的教育环境。

（一）提供优质教育资源

第一，韩国拥有众多高等教育机构，其在多个学科领域都有深厚的研究底蕴和领先的学术成就，为国际学生提供广阔的学术交流平台，使他们能够与顶尖学者进行深入的学术讨论和合作。

第二，韩国研究生教育注重实践教育，强调学生的实际能力培养。学生在学习过程中将有机会参与各种研究项目和实验课程，通过实际操作提升自己的研究能力和解决问题的能力。

第三，韩国提供了丰富的图书馆资源和实验室设施，以支持学生的学习和研究活动。

（二）强调与产业界的紧密合作

韩国的高等教育机构与企业之间建立了广泛的合作关系，研究生有机会参与实际项目，并与企业合作。

在韩国，高等教育机构与产业界之间的合作是实实在在的行动。通过与企业建立合作关系，韩国的研究生教育能够更好地满足产业界的需求，培养出与市场需求相匹配的人才。这种紧密的合作关系也为研究生提供了宝贵的机会，他们能够在真实的项目中应用所学知识，与企业专业人士进行交流和合作。

韩国的高等教育机构积极与各行各业的企业合作，涵盖了各个领域，如科技、制造、金融、医疗等。通过与企业合作，研究生能够深入了解实际运作和市场环境，提升解决问题的能力和实践操作的技巧。与企业合作还可以为研究生提供实习和就业的机会，使他们能够更好地融入职场。

韩国研究生教育国际化的这一特色不仅有助于培养具备国际竞争力的人才，也有助于推动产业的创新和发展。通过与企业的紧密合作，高等教育机构能够更好地了解市场需求，调整教育内容和培养方式，培养出更符合产业发展趋势的专业人才。

（三）注重国际化

韩国的研究生教育注重国际化。韩国的高等教育机构积极与国际合作伙伴协作，鼓励研究生参与国际合作项目。研究生有机会赴海外进行研究，拓宽自己的国际视野，增加跨文化交流的经验。

以上这些办学特点使得韩国成为一个备受国际学生欢迎的研究生教育目的地，也为研究生提供了丰富的学习和发展机会，未来将吸引更多的国际学生，为他们的学术发展和职业发展提供更多的支持和机遇。

第三节　日本和韩国研究生教育国际化的经验、问题及启示

通过对日韩研究生教育国际化情况的分析，我国研究生教育国际化能从中借鉴一些经验，从存在的问题中吸取教训，获得有意义的启示。

一、日韩研究生教育国际化的经验

（一）政策支持

日本和韩国在研究生教育国际化方面积累了丰富的经验，其中政策支持是关键因素之一。在政策层面上，这两个国家都提出了一系列的措施，以促进研究生教育的国际化进程。

1.积极推动国际化人才培养的政策

日本和韩国政府鼓励本国研究生到海外留学，拓宽他们的国际视野，增强他们的跨文化交流能力。同时，日本和韩国政府鼓励国际学生来本国就读研究生课程，为他们提供良好的学习和生活环境。例如，韩国提供了多种奖学金和津贴，吸引国际学生到韩国留学；日本设立了丰富多样的留学生支援项目，包括日本语言教育、住宿安排和文化交流活动等。

2.注重构建国际化的教育体系和机制

日本和韩国政府积极推动国际高校间的合作与交流，建立了一系列的合作项目和联盟。例如，韩国设立"全球韩国研究生教育联盟"，旨在加强韩国高等教育机构与其他国家高校的合作，共同培养国际化人才；日本推行"超级大学计划"，鼓励高校间

的合作与竞争，提升教育质量和国际竞争力。

（二）高校配合

除了政策支持，高校的配合是实现研究生教育国际化的关键。日本和韩国的高校在这方面发挥了重要作用，它们积极参与国际化人才培养的各项工作。

1.提升教学质量和国际化水平[①]

日本和韩国的高等教育机构加大对研究生教育的投入，提供更好的课程设置和教学资源，培养学生的创新能力和国际竞争力。同时，它们注重提高教师的国际化素质，鼓励教师参与国际学术交流和合作研究，提升教学质量和学术影响力。

2.积极推动国际学生的融入和交流

日本和韩国的高等教育机构提供专门的国际学生服务机构，协助国际学生解决学习和生活中的问题。同时，它们组织各种文化交流和活动，促进本国学生与国际学生的交流和互动，加强跨文化交流和理解。

3.积极开展国际协同办学

日本和韩国的高等教育机构与其他国家的高校建立了广泛的合作关系，开展学生交换和联合培养项目。它们也鼓励学生参与国际学术会议和竞赛，提升学生的国际竞争力和学术能力。

---

① 张雷生，朱莉．韩国世界一流大学研究生培养质量保障体系研究［J］．中国高等教育，2022（2）：62-64.

（三）灵活有效的培养模式

1.注重学术研究与实践相结合

日本和韩国的高等教育机构在研究生培养模式上注重学术研究与实践相结合。它们通过与企业、科研机构等合作，为研究生提供更多的实践机会和项目，使他们在实践中培养实际操作能力和解决问题的能力。这种培养模式强调的是理论与实践的结合，培养了大批既有理论基础又具有实践能力的高级人才。

2.注重培养学生的综合能力和国际视角

日本和韩国的研究生教育注重培养学生的综合能力和国际视角。日本和韩国的高等教育机构注重学生的学术研究能力的培养，也注重学生的语言能力、跨文化交流能力等非学术方面的素质培养。在这方面，它们为学生提供了丰富的课程和活动，如学术交流会、国际会议等，使学生能够与国际同行进行交流和合作。

3.注重培养学生的创新能力和独立思考能力

日本和韩国的高等教育机构在研究生教育中注重培养学生的创新能力和独立思考能力。它们鼓励学生进行独立研究，提供了良好的科研条件和环境，鼓励学生进行创新性的研究和论文写作。这种培养模式培养了很多具有创新思维和独立工作能力的高级人才。

二、日韩研究生教育国际化存在的问题及其对我国的启示

（一）日韩研究生教育国际化存在的问题

随着社会的发展和全球化的趋势，日本和韩国在研究生教育国际化方面也存在一些问题。

1.竞争压力过大

日本和韩国的研究生教育普遍存在竞争压力过大的问题。

（1）日韩研究生教育的招生竞争异常激烈

每年，大量的本科毕业生都希望能够通过考取研究生的方式提升自己的学历和专业能力。然而，可供学生选择的研究生名额有限，导致了招生竞争的异常激烈。学生不仅需要在学术成绩方面表现出色，还需要在面试和考试中脱颖而出，才能够成功进入理想的研究生院校。

（2）研究生教育的学业压力是日韩学生面临的挑战之一

研究生课程的难度和要求相较于本科阶段大幅提升，学生需要在有限的时间内掌握更多的知识和技能。同时，他们需要完成研究项目和论文，以展示自己在特定领域的研究能力。这种高强度的学业压力常常使得学生不得不花更多的时间和精力来追求卓越。

（3）就业竞争是日韩研究生教育中不可忽视的一环

在日韩社会，研究生学历被视为求职的硬性标准之一。因此，许多学生认为只有攻读研究生学位才能够获得更好的就业机会。学生不仅需要在学习方面表现出色，还需要具备丰富的实践经验和专业技能，才能够在众多求职者中脱颖而出。

2.学术研究的实用性问题

（1）日韩的研究生教育普遍侧重理论

学生在研究生阶段通常会被要求完成大量的理论课程和文献阅读，但缺乏真实场景下的实践机会。这使得他们在毕业后面对实际问题时可能感到力不从心。

（2）研究生教育的学术研究往往偏离了现实需求

许多研究项目过于理论化，与实际问题脱节。这些项目可能只是为了追求学术发表而存在，而忽视了对社会和行业的实际贡献。这种现象导致了学术研究与实际问题之间的鸿沟，限制了研究生教育的实用性。

（3）研究生教育在培养研究生实际操作和解决问题的能力方面还存在不足

虽然研究生在研究过程中可能积累一定的理论知识和研究方法，但在实际应用中很难灵活运用。这使得研究生毕业后往往需要一段时间来适应工作岗位，并且可能需要进一步的培训才能胜任实际工作。

3.导师制度问题

日本和韩国的导师制度普遍存在问题。

（1）权力不平衡

导师制度在日韩研究生教育中普遍存在权力不平衡的问题。导师作为指导学生的主要人物，拥有决定学生研究方向和课题的权力。这种权力不对等可能导致学生的研究兴趣与导师的研究兴趣不匹配，限制了学生自主选择研究方向的权利。此外，导师可能干预学生的研究过程，限制了学生的独立思考和创新能力的发展。

（2）导师与学生之间关系紧张

导师制度在一些情况下也存在导师与学生之间关系紧张的问

题。在日本和韩国，学生往往对导师言听计从，甚至过度依赖导师的意见和决策。这种依赖关系可能导致学生在学术上缺乏独立性和主动性，甚至在与导师之间发生冲突时难以有效沟通和解决问题。

（3）有限资源的分配不公平

导师制度还存在有限资源的分配不公平问题。在一些知名导师主持的实验室中，资源和机会往往集中在少数学生身上，而其他学生面临更为有限的机会和资源。这种不公平可能导致学生之间的竞争加剧，甚至影响到他们的学术发展和就业前景。

4.国际化程度不太高问题

（1）日韩研究生教育体系的内部结构与外部联系存在一定的限制[①]

在这两个国家，研究生教育通常严格按照学科进行划分，各个学科之间的交叉与融合较少。这种学科壁垒的存在可能导致研究生在学术研究中的局限性，难以获得多学科的知识与视角。

（2）文化差异是影响日韩研究生教育国际化程度的一个重要因素

日韩两国有着深厚的文化传统和独特的教育理念，这种文化差异可能导致学生对于国际化教育的接受程度有所不同。

（二）对我国的启示

1.教育竞争压力大对我国的启示

（1）我国应加强对研究生教育的政策引导

我国政府可以通过制定明确的政策，引导学生合理选择研究

---

① 张玲，蒋家琼，丁文瑾. 21世纪日本私立高等教育结构的调整优化及对我国的启示［J］. 大学教育科学，2022（5）：85-94.

方向，避免集中在热门领域的过度竞争。

第一，鼓励导师在指导学生选择研究方向时给予科学、客观的建议。导师可以根据学生的优势和兴趣，提供多样化的研究方向供学生选择。此外，我国政府可以设立研究生教育指导委员会，由专家和学者组成，为学生提供不同研究方向的专业指导和意见，帮助他们全面了解各领域的发展前景和就业情况，从而作出更加明智的选择。

第二，我国政府可以制定相应的奖励政策，鼓励学生选择非热门领域的研究方向。例如，我国政府可以设立奖学金专门用于支持研究生在相对冷门但具有潜力的学科领域进行深入研究。这样一来，学生在选择研究方向时能够更加自主，不受热门领域的吸引力过大的影响，从而实现研究生教育资源的合理分配。

第三，我国政府可以加大对研究生教育的投入力度，提升教育质量和研究条件。我国政府通过加大对研究生培养基地的建设投入，提供更好的实验室设施和科研条件，提高研究生培养的整体水平。同时，我国政府应加强对研究生培养过程中的质量监控和评估，确保研究生教育的质量和效果。①

（2）我国高校应积极探索改革研究生教育的方式

我国高校应该建立更加科学合理的选拔机制，注重学生综合素质和创新能力，而不仅仅是注重分数。此外，我国高校提供更多的实践机会和科研项目，培养学生的实际能力，减轻他们在求职时的压力。

第一，高校需要建立更加科学合理的选拔机制，不仅注重学生的分数，更要注重学生的综合素质和创新能力。这样一来，高校可以更好地筛选出具备扎实基础和潜力的学生，为他们提供更

① 杨尧焜，吕进，史仁民. 新时代研究生教育高质量发展路径［J］. 中阿科技论坛（中英文），2024（3）：116-120.

好的学习环境和发展机会。

第二，高校还应提供更多的实践机会和科研项目，以培养学生的实际能力。通过参与实际项目和科研，学生可以将理论知识应用到实践中，提升解决问题的能力和创新思维能力。这不仅有助于学生的个人成长，也能减轻他们在求职时的压力，增加就业竞争力。

通过建立这样的教育模式，高校可以减少研究生教育竞争的强度。由于注重学生的综合素质和实际能力，学生不再仅仅追求高分，而是更加注重个人的全面发展。这样一来，研究生教育中的竞争氛围会相对减弱，学生也能更加从容地面对学习和求职的压力。①

（3）我国家庭和社会应该给予学生更多的理解和支持

过大的竞争压力常来自家庭和社会的高期望，导致学生处于不堪重负的境地。家庭和社会应该重视学生的身心健康，为他们提供更多的支持和关怀。

第一，家庭和社会应该正确引导学生，帮助他们明确自己的兴趣和能力，从而选择适合自己的研究方向。在当前的教育体制中，往往存在对于某些热门专业的过度追求，这使得学生被迫选择并投身于他们并不感兴趣或适合的领域。因此，家庭和社会应该鼓励学生根据自身的兴趣和能力来选择他们感兴趣的研究方向，从而更好地发展自己。

第二，家庭和社会应该更加重视学生的身心健康。在追求卓越的过程中，学生往往忽略了自己的身心健康，导致出现各种健康问题。家庭和社会应该正视这个问题，为学生提供更多的支持和关怀。例如，学校可以增加体育课程和课外活动，帮助学生释放压力和保持身体健康。家庭也应该关注学生的日常生活和情绪

---

① 周子怡. 研究生专业课堂诗意化：一种新型教育模式 [J]. 广西教育学院学报，2023（4）：203-208.

状态，提供积极的支持和鼓励。

第三，家庭和社会应该为学生提供更多的支持和关怀。除了在学业上的指导外，家庭和社会还应该关注学生的成长和发展。家庭可以鼓励学生参加社会实践活动，培养他们的社会责任感和团队合作精神。社会可以提供更多的实习和就业机会，帮助学生更好地适应职场，并为他们的未来发展做好准备。①

2.学术研究实用性对我国的启示

我国应该加强研究生教育与实际应用的结合，鼓励学生参与创新项目和实践活动，培养解决实际问题的能力。为了增强研究生教育的实用性，我们需要改变当前过于理论化的教学模式，注重实践环节的设置，为学生提供更多的实际操作机会。同时，研究项目应更加注重实际问题，与社会需求相结合，以增强学术研究的实用性。最重要的是，我们应该培养学生解决问题的能力，让他们在毕业后能够迅速适应实际工作，并为社会作出贡献。

3.导师制度对我国的启示

我国应该加强导师制度的监管，建立健全导师评价体系，鼓励导师与学生之间的平等合作关系。为了改善导师制度，需要采取措施来平衡导师与学生之间的权力关系，鼓励学生的独立思考和创新能力，并确保资源的公平分配。这样才能为研究生提供一个良好的学术环境，培养他们成为具有创新能力和独立思考能力的专业人才。

---

① 赖秦江，彭湃，尹霞. 家庭背景还能影响硕士研究生的学业吗？——以领悟社会支持为中介 [J]. 学位与研究生教育，2022（9）：80-86.

4.国际化程度对我国的启示

我国应加强与国外高校的协作互动，引进国外优秀的研究生教育资源，提升我国研究生教育的国际化水平。我国需要加强学科交叉与融合，增加国际协作与沟通机会，以及推动教育国际化理念的普及。这样才能培养出具有国际竞争力的研究生，使他们在全球范围内更好地发挥自己的优势和作用。

第五章 我国研究生教育国际化现状

第一节 我国研究生教育国际化政策落实情况

中国作为全球最大的发展中国家，高等教育的国际化已成为我国教育改革的重要方向之一。研究生教育作为培养创新型人才的重要环节，其国际化的推进尤为重要。接着，本书介绍我国研究生教育国际化政策的落实情况。

一、我国研究生教育国际化的政策背景与目标

我国研究生教育国际化政策的制定与推进，源于国家对高等教育国际化的战略部署与需求。以"双一流"建设等为代表的国家战略，旨在引进国际先进学术资源，提升我国研究生培养质量

与国际竞争力。①

（一）我国研究生教育国际化政策的背景

我国正面临全球化的挑战和机遇。随着经济的快速发展和国际交流的日益频繁，我国对高素质人才的需求不断增加。而研究生教育作为培养高层次人才的重要途径，需要与国际接轨，吸引更多国际学生和优秀教师参与其中。与此同时，全球范围内的研究生教育也呈现出国际化的趋势。各国纷纷加强对研究生教育的投入，提升教育质量和国际影响力。

（二）我国研究生教育国际化的目标

我国研究生教育国际化的目标是多方面的。

第一，通过引进国际优秀教育资源，提高我国研究生教育的水平和质量。国际化教育资源可以为我国研究生提供更广阔的学术视野和更多的研究机会，促进他们在学术领域的创新和突破。

第二，通过吸引更多国际学生来华留学，培养具有国际视野和跨文化交流能力的高层次人才。这有助于增强我国在国际教育领域的影响力和话语权。

第三，研究生教育的国际化可以促进我国高等教育体系的改革与创新。在面对国际竞争的同时，我国的高校和研究机构需要加强自身的改革与创新，提升教育质量和研究能力。

第四，国际化的教育环境可以为我国高校提供一个更加开放和多元化的发展平台，推动教育体系的不断进步和升级。

我国研究生教育的国际化政策背景与目标紧密相联。在全球化的背景下，研究生教育国际化不仅是我国高等教育发展的必然选择，也是提升我国研究生教育质量和国际竞争力的重要途径。

---

① 李晓述. "双一流"建设与国际化发展：理论与实践［M］. 武汉：武汉大学出版社，2020.

通过引进国际教育资源、吸引国际学生和促进教育改革创新，我国研究生教育国际化政策将助力我国在全球高等教育领域取得更大的影响力和竞争优势。

二、我国研究生教育国际化政策的实施与成效

（一）我国研究生教育国际化政策的实施

通过改革研究生招生制度，我国引入国际生源，提升研究生多样性与国际化水平；通过与国际高校开展合作，提供联合培养项目、交流与访问学者计划等，促进研究生培养质量和国际化程度的提升。在招生方面，我国研究生教育国际化的改革主要体现在对外招生政策的调整方面。通过积极引进国际学生，我国研究生教育得到了更多国际视野和多元文化的注入，也为我国高校提供了提升国际影响力和声誉的机会。针对国际学生的招生，我国不仅提供了多样化的奖学金和优惠政策，还加强了对国际学生的入学资格审核和学术背景评估，确保了国际学生的质量。

培养机制方面的改革也是研究生教育国际化的重要举措。为了增强研究生的全球竞争力，我国高校积极推动研究生培养的国际化。一方面，加强与国外高校和研究机构的合作，开展联合培养和交流项目，使研究生有机会在国际一流的研究环境中学习和研究。另一方面，我国高校加大了对研究生的英语教育力度，提供更多的英语授课课程和培训机会，以增强研究生的跨文化沟通和国际合作能力。

（二）我国研究生教育国际化政策的成效

我国研究生教育国际化的招生与培养机制改革取得了显著成

效。这不仅有助于提升我国研究生教育的质量和竞争力，也为我国高等教育的国际化发展提供了有力支持。未来，我们应继续加大与国际合作的力度，不断改进研究生教育的国际化水平，以培养更多具有国际视野和创新能力的高层次人才。

三、发展展望

（一）加强政策引导与支持

国家应进一步加大研究生教育国际化政策的引导与支持力度，为高校提供政策支持与资金保障，鼓励高校积极参与国际合作与交流。

近些年来，我国研究生教育国际化政策的实施取得了显著成效，但与国际先进水平相比，仍存在一定差距。为了进一步提升我国研究生教育的国际化水平，我们需要加强政策引导与支持。政策引导是推动研究生教育国际化的关键。我国自20世纪80年代末以来就已经出台了一系列鼓励研究生赴海外学习和交流的政策，如国家留学基金资助计划等。未来，我们可以进一步完善政策，提高资助标准和扩大资助范围，鼓励更多优秀的研究生赴海外名校攻读学位或进行短期访学交流；同时，可以建立更加灵活多样的人才引进政策，吸引海外高水平人才来华从事研究生教育工作，促进我国研究生教育国际化的发展。

政策支持是确保研究生教育国际化顺利进行的重要保障。在推动研究生教育国际化的过程中，我国需要加大对高水平研究生培养的支持力度。我国可以通过增加经费投入，改善研究生生活和学习条件，提供更好的导师团队和科研资源，培养更多具有国际竞争力的研究生；还应加强与海外高水平高校和研究机构的合作，建立合作交流平台，共享教育资源和研究成果，增强我国研究生教育的国际影响力。

此外，政策引导与支持需要与教育体制改革相结合。随着我国高等教育体制改革的不断深化，我国需要进一步完善研究生培养机制，建立符合国际标准的研究生培养模式。我国可以通过加强研究生导师队伍建设，改革研究生招生制度和培养机制，注重培养研究能力和创新能力，培养更多具有国际视野和竞争力的研究生。同时，我国可以加强研究生教育质量评估和监管，建立健全质量保障体系，确保研究生教育国际化政策的实施效果。①

加强政策引导与支持是推进我国研究生教育国际化的必要手段。未来，我国可以进一步完善政策，提高资助标准和扩大资助范围，加大对高水平研究生培养的支持力度，与教育体制改革相结合，促进我国研究生教育国际化水平的提升。这将有助于我国培养更多具有国际竞争力的高级人才，推动我国科学技术和教育事业的发展。

（二）加强师资与课程建设

高校应加强研究生导师队伍建设，增强其国际化背景和国际交流经验；同时，加强研究生课程的国际化建设，培养学生的国际视野和创新能力。在我国研究生教育国际化政策的未来展望中，加强师资与课程建设是至关重要的一环。

第一，加强师资队伍是实现研究生教育国际化的基础。高水平的师资队伍是培养优秀研究生的关键要素。因此，应加大对引进和培养海外优秀教师的力度，促进国内外高水平学者的交流与合作。通过与国际知名大学建立合作关系，开展联合培养、共建研究中心等项目，不仅可以引进前沿的学术思想和研究方法，还

① 高校全日制硕士专业学位研究生教育质量保障体系研究课题组. 高校全日制硕士专业学位研究生教育质量保障体系研究与实践［M］. 重庆：重庆大学出版社，2021.

可以提供丰富的国际交流机会，为研究生提供优质的学习和研究环境。

第二，课程建设是研究生教育国际化的重要保障。为了提升研究生的综合素质和创新能力，应加强对实践性课程的开设，注重培养学生的实际操作能力和解决问题的能力；应加强跨学科的合作与交流，开设跨学科的课程，培养研究生的综合学科素养；应加强对国际化课程的引进和开发，通过引进国际先进课程，使学生更好地了解国际学术前沿和科技动态。

第三，加强师资与课程建设是我国研究生教育国际化政策的重要方向。通过加强师资队伍的建设和提升课程质量，我国可以为研究生提供更加国际化、创新化的学习环境，培养出更多具备国际竞争力和领导力的高水平人才。相信在不久的将来，我国的研究生教育将迎来更加广阔的发展前景。

（三）加强和完善国际交流平台与机制建设

继续加强和完善我国研究生教育的国际交流平台与机制建设，构建一个更加开放、高效、互惠的国际合作体系。

1.建立一个更多元化的交流平台

这意味着既要有线上的学术研讨、远程教学等数字化交流方式，也要有线下的访学、短期课程、学术会议等传统交流模式。例如，线上平台可以通过虚拟实验室、开放课程、研讨会直播等形式，使得不同国家和地区的研究生在不受地域限制的情况下共享教学资源和科研成果。

2.加强与国际知名高校、研究机构的合作关系

我国要通过签订双边或多边协议，建立联合培养、学分互认

等制度，确保教育质量和学位认证的国际互通。^①此外，鼓励和支持研究生参与国际课题和项目，以实际参与和合作研究的方式，开阔研究生的国际视野和增强其科研能力。

3.完善奖学金、访学基金等资助体系

这样可以降低研究生参与国际交流的经济门槛，特别是为优秀研究生提供更多的资助机会，激发他们的国际交流热情。同时，要为来自国外的研究生提供充分的学习和生活支持，让他们能够顺利融入本地的学习和研究环境。

4.加强国际交流的信息服务和管理工作

这方面的工作如建立专门的国际交流办公室，提供咨询、签证助理、语言培训等服务，确保交流活动的顺利进行。通过这些举措，可以有效地推动研究生教育国际交流平台与机制的建设，培养更多具有国际竞争力的高层次人才。

第二节 我国研究生教育国际化培养目标及模式

随着时代的发展和全球化浪潮的推进，我国研究生教育国际化培养模式已经取得了显著成效，并成为推动我国高等教育发展的重要力量。在党和国家的正确领导下，通过不断地改革创新，我国的研究生教育不仅积极引进国际优质教育资源，而且注重培养学生的国际视野和跨文化交际能力，使之成为具有国际竞争力的高层次人才。

具体来说，我国的高校积极与世界名校展开合作，通过联合培养、交换生项目等形式，为研究生提供国际化的学术环境和实践平台。与此同时，课程体系和教学方法也趋向国际化标准，不

---

① 刘燕莉. 日本专业学位研究生教育认证机制研究与启示 [J]. 东北师大学报（哲学社会科学版），2023（4）：137-144.

断吸纳国际前沿的科学理念和研究成果。教师队伍的国际化也日趋明显,越来越多的外籍教授加入我国高校的教学研究行列,为学生带来不一样的学术视角和知识体验。

然而,我们也清醒认识到,国际化培养模式不是简单地移植外国教育模式,而是要在吸收国际先进经验的基础上,结合我国实际情况进行本土化创新。我们坚持以我国的发展需要为导向,培养既了解国际规则又深爱祖国、愿意为国家的发展贡献智慧和力量的复合型人才。这种教育模式的国际化不仅有利于提高我国高等教育的整体水平,也有助于展示我国文化的独特魅力,增强我国的文化软实力和国际影响力。

一、我国研究生教育国际化培养目标

我国研究生教育国际化培养目标在政策层面受到重视。教育部出台了一系列政策文件,如《关于加强学位与研究生教育质量保证和监督体系建设的意见》《关于加快新时代研究生教育改革发展的意见》,明确了培养具有国际竞争力的研究生的重要性和必要性。这些政策文件指导各高校在研究生培养中注重国际化要素的融入,包括提供国际化课程、推动学术交流与合作、培养跨文化交际能力等。

在培养目标上我国研究生教育更加注重学生个人的全面发展。我们不仅要深入掌握专业知识,也要鼓励学生发展领导力,增强社会参与意识,以及对社会责任和伦理道德的深刻理解。研究生被鼓励去理解不同文化背景下的工作环境,尊重多样性,并能够在多元文化的背景中发挥自己的专业优势,为国家和社会的发展作出更大的贡献。

(一)培养国际视野和全球化人才

在当今全球化的时代,首先,国际视野的培养对于研究生来说变得越来越重要。随着经济、科技和文化的全球化，研究生需要具备多元文化交流与国际协同的能力，以应对跨国企业和国际组织的需求。这些技能包括但不限于跨文化敏感性、多语言沟通、国际项目管理、全球团队合作等。

其次，培养全球化人才。这类人才要具备国际竞争力，能够在国际舞台上胜任高端科研和管理工作。通过国际化培养模式，学生将更好地了解国际科研和管理的最新发展动态，增强自身的国际竞争力。培养全球化人才是现代高等教育的迫切需求，也是各国高校竞争力的重要因素。

为了满足国际社会对高素质人才的需求，研究生教育国际化培养目标的制定与实施显得尤为重要。

1.为学生提供丰富多样的国际化学习环境

我国很多高校积极构建国际化教育平台，拓宽学生的国际视野，开设国际化课程、引进外籍教师、组织国际交流活动等，通过培养学生的国际交流意识和跨文化沟通能力，使其具备在国际舞台上竞争的实力。

第一，开设国际化课程是非常重要的。这些课程可以涵盖全球各个领域的知识，帮助学生了解不同国家和文化的背景和发展。通过学习这些课程，学生可以更好地适应国际化的社会环境，为未来的职业发展做好准备。

第二，引进外籍教师是必不可少的一步。外籍教师具有丰富的国际教育经验和跨文化交流能力，他们可以为学生提供更深入的国际化教育。他们的教学方式和视角与国内教师不同，可以帮助学生打开眼界，获得更广阔的国际视野。

第三，很多高校积极组织国际交流活动。这些活动包括学生交流项目、学术研讨会、国际实习等。

通过与来自不同国家的学生和专业人士进行交流，学生可以增进对其他文化的了解，并建立国际人脉关系。这种跨文化的交流能力对于今后在国际舞台上竞争至关重要。

2.加强培养研究生的语言能力

第一，语言是沟通的桥梁，也是研究生教育国际化的基础。为此，很多高校积极开设专门的语言课程，提供语言辅导和培训，帮助学生提升外语水平。这些课程包括词汇扩充、语法训练、听说读写能力的提高等内容，旨在帮助学生掌握丰富的专业词汇和具备流利的语言表达能力。

第二，高校鼓励学生积极参与国际交流项目，通过亲身体验语言环境，进一步增强语言交流能力。这些交流项目包括学术交流、实习经历、留学机会等。通过与国外学生、教授的交流，学生不仅可以提升语言能力，还能拓展自己的国际视野，增长跨文化交流的经验。

第三，在培养研究生的语言能力方面，部分高校还建立语言学习资源中心，提供自习室、语言学习软件、学习资料等资源，让学生随时随地进行语言学习。

第四，很多高校邀请外籍教师来学校授课，提供更纯正的语言环境和更高质量的语言教学，帮助学生更好地掌握外语。

3.加强培养研究生的实践能力

理论知识与实践能力的结合是研究生培养的重要因素。我国很多高校注重培养学生的实践能力，为其提供实习、实训、科研等机会。在这个信息爆炸的时代，纸上谈兵的理论知识已经无法满足复杂多变的社会需求。唯有将理论知识与实践能力相结合，才能培养出具备全球竞争力的人才。

作为研究生培养的重要因素，我国高校注重培养学生的实践能力。这不仅包括在课堂上注重案例分析、实践操作等教学方法，更重要的是为学生提供实习、实训、科研等机会。通过实践，学生能够亲身感受到理论知识在实际应用中的价值，也能够培养自己解决问题、创新思维的能力。

第一，实习是培养学生实践能力的重要途径之一。通过实习，学生可以接触到真实的工作环境，了解专业知识在实践中的应用，并与实际工作中的问题进行直接接触和解决。实习的过程中，学生还能够与行业内的专业人士进行交流，拓宽自己的人际关系网，为将来的就业打下坚实的基础。

第二，实训是培养学生实践能力的另一种重要方式。通过实际操作，学生可以将课堂上学到的理论知识应用到实际问题中，培养自己的动手能力和解决问题的能力。例如，在工程类专业中，很多高校培养学生通过实训项目来掌握各种工程技能，培养工程实践能力；在商科类专业中，学生通过模拟实践来锻炼市场分析、决策制定等能力。

第三，科研是培养学生实践能力的高级形式。学生通过参与科研项目，能够深入探究一个领域的知识，培养独立思考和解决问题的能力。在科研过程中，学生需要进行文献调研、实验设计、数据分析等工作，这些过程都能够锻炼学生的科学研究能力和创新能力。

4.积极引导学生参与国际合作项目，特别是与国外企业、研究机构的合作

通过与国外合作伙伴的深入交流与合作，研究生可以拓宽视野，了解不同国家的文化背景和工作方式，提升自身的国际竞争力。比如，中国农业大学工学院与德国耶拿分析仪器有限公司于2022年4月22日签署共建研究生校外实践基地合作协议，研究生被分配到该公司的研发部门，参与汽车设计和测试工作。通过与德国工程师的密切合作，研究生不仅学到了先进的汽车设计理念和制造技术，还深入了解了德国企业的组织结构和工作流程。

在与德国同事的交流中，研究生不断提升自己的英语沟通能力和跨文化交流能力。他们学会了与国外团队合作、解决问题以及克服文化差异带来的挑战。这种宝贵的经历使得他们不仅在专业领域有了突破和成长，而且培养了他们的国际化视野和全球化竞争力。这样的合作项目不仅丰富了研究生的学习经历，也促进了学校与企业之间的紧密合作，为培养具有国际视野和实践能力的人才打下了坚实的基础。

5.注重培养学生的创新思维和创新意识

创新是推动社会进步和经济发展的重要因素。为了培养学生的创新能力，高校提供了丰富多样的科研项目供学生参与，鼓励学生积极探索并解决问题。参与科研项目对学生来说是一个很好的机会，它不仅可以让学生深入了解学科知识，还能培养他们的实践能力和团队合作精神。在科研项目中，学生需要运用所学知识，提出问题、分析问题，并通过实验和调研等方式寻找解决方案。通过这样的过程，他们不仅能够掌握解决问题的方法和技巧，还能够培养批判性思维和创新思维。高校培养学生解决问题的能力和创新能力的目的是适应社会的发展需求。在现实社会中，各种问题和挑战层出不穷，需要具备创新能力的人才来解决。培养学生的创新能力，就是培养他们的独立思考能力和创造力，使他们能更好应对未来的挑战。

6.重视创新创业教育

我国应该重视创新创业教育，并为学生提供良好的平台，以帮助他们将创新成果转化为实际价值。这些平台包括创新创业实践基地、科技园区以及创业孵化器等。通过这些平台，学生可以参与各种创新项目，并得到专业的指导和支持。一方面，高校的创新创业实践基地为学生提供了实践和实验的机会。这些基地还配备了先进的设备和技术，学生可以在这里进行创新研究和实验，探索新的创新方向。基地还提供专业的导师，他们有丰富的创新经验和专业知识，可以指导学生进行创新项目的实施和管理。另一方面，高校的科技园区和企业孵化器为学生提供了创业机会。学生可以借助场地和资金，将自己的创新成果转化为实际的产品或服务。科技园区和创业孵化器不仅提供了办公场所和设备，还组织了各种创业培训和交流活动，帮助学生提升创业能力和拓展创业网络。

（二）提升学术研究能力

我国高校一直致力于提升研究生的学术研究能力，并采取了多种措施。

1.注重培养研究生的研究兴趣和科研思维

为此，高校在课程设置上安排了专门的研究方法和科研论文写作等课程，旨在引导研究生掌握科学研究的方法和技巧。这些课程不仅帮助研究生了解科研的基本流程和规范，还培养研究生的批判性思维和创新能力。通过学习研究方法，研究生可以更好地进行问题提出、资料收集、数据分析和结论推导等科学研究的重要环节。除了课程设置，高校还举办各类学术讲座、研讨会和论坛等活动，邀请国内外知名学者分享他们的研究经验。这些活动为研究生提供了与专家面对面交流的机会，激发了他们的学术热情。研究生可以通过参与这些活动，了解前沿科研动态，掌握学术前沿知识，拓宽自己的学术视野。同时，与知名学者的交流有助于研究生建立学术合作关系，为将来的科研工作奠定基础。

2.重视研究生积极参与学术交流活动

很多学校定期组织学术研讨会和学术报告等活动，为研究生提供了与其他研究者深入交流和讨论的平台。这些活动不仅能够拓宽研究生的学术视野，增强他们的学术思维能力，还能够促进学术合作与互动，推动学术研究的发展。在这些学术交流活动中，研究生可以分享自己的研究成果、交流研究方法和经验，从而获得他人的反馈和指导，帮助自己不断提高研究水平。

除了学术研讨会和学术报告等活动，高校还鼓励研究生积极参与学术会议和学术期刊的投稿。参与学术会议可以让研究生与国内外优秀学者进行面对面的交流，了解最新的研究动态和前沿领域的发展趋势。同时，学术会议是展示研究成果和学术观点的重要平台，有助于提升研究生的学术影响力。投稿学术期刊是研究生提高学术水平的重要途径之一。通过将研究成果发表在学术期刊上，不仅可以让更多的学者了解和引用自己的研究，还能够扩大研究生的学术影响力。同时，学术期刊的审稿过程是一个重要的学术交流环节，研究生可以通过与审稿人的交流和讨论，提升自己的学术素养和研究能力。

3.为研究生提供优越的科研环境和资源支持

高校投入大量资金建设实验室、图书馆等研究设施，为研究生提供先进的科研设备和丰富的学术资源。这些设施和资源的提供，为研究生的科研工作提供了有力的支持。同时，高校指派导师给予研究生专业的指导和支持，帮助他们解决科研难题，提升学术研究能力。导师通过与研究生密切合作，传授他们科研方法和技巧，引导他们进行独立的学术研究。导师还会帮助研究生解决在科研过程中遇到的问题，提供宝贵的建议和意见。

比如清华大学设有专门的研究生科研训练中心，为研究生提供科研方法、学术写作等课程。研究生可以通过这些课程系统地学习科研的基本理论和实践技巧，增强自己的科研能力。此外，清华大学定期组织学术研讨会和学术报告，为研究生提供展示研究成果的机会。这些学术活动为研究生提供了交流和分享的平台，使他们能够与其他研究者进行深入的学术交流，拓宽自己的学术视野。

值得一提的是，我国很多高校还拥有一流的研究设施和丰富的学术资源。研究生可以充分利用这些资源，开展自己的科研工作。无论是实验室设备还是图书馆藏书，都达到了国际水平，为研究生的学术研究提供了重要的支持和保障。

总之，高校为研究生提供了良好的科研环境和资源支持，通过投入资金建设研究设施、指派导师进行专业指导，以及提供丰富的学术资源和学术活动，为研究生的学术研究提供了有力的保障和支持，促进了研究生的学术成长和发展。

二、我国研究生教育国际化培养模式

（一）双导师制度

在我国的研究生教育国际化培养模式中，双导师制度被广泛应用。双导师制度指的是研究生在培养过程中同时拥有国内外两位导师的教育模式。这一制度的特点是，每位研究生拥有一名国内导师和一名国际导师，两位导师共同指导学生的学术研究和培养计划。这一制度的核心在于通过双方的共同指导，为研究生提供更加广阔的学术视野，促进其全面发展。这种模式可以帮助学生更好地融入国际学术圈，接触到国际前沿的研究成果，并借助国际导师的经验和指导提升自身的能力。此模式不仅有助于引入国外先进的教学理念和研究方法，还能够激发学生的创新意识，增强其国际竞争力。

实施双导师制度首先要确保两位导师在专业领域的互补性和合作潜力。国内导师通常负责学生的日常学术指导，而国外导师提供国际视角和资源，双方协同推进研究生的科研和学术交流工作。①为了保证双导师制度的有效运行，需建立定期的沟通机制。这包括线上会议、工作报告以及定期的双向反馈，确保学生在两位导师的协调指导下顺利推进学术研究。高校应提供必要的科研平台和资源，如实验室、图书资源和学术交流机会，以便研究生在双导师的共同努力下取得科研成果。

（二）国际交流与合作项目

作为高等教育体系中的重要组成部分，我国研究生教育面临培养国际视野和跨文化交流能力的迫切需求。为了促进研究生的国际化培养，我国高校积极与国外高校展开交流与合作项目。这些项目包括联合培养博士生项目、双学位项目和学术交流项目等。通过参与这些项目，研究生可以亲身体验国际学术环境，与国际同行交流学习，拓宽国际视野，提高自身的综合素质。因此，构建有效的国际化培养模式，尤其是国际交流与合作项目，对提升研究生的全球竞争力具有重要意义。

在知识经济时代，跨国公司和国际组织对于具备国际化视野和专业知识的高层次人才需求日益增加。研究生作为未来社会科学研究和高端人才的重要来源，其国际化素质直接关系到国家在全球化进程中的竞争力。文化多元性是当今世界的显著特点。研究生教育国际化不仅有助于学生理解不同文化背景，而且能够促进不同文化间的交流与互鉴，提升学生的跨文化交际能力。

通过与海外高水平高校和研究机构建立学术交流协议，我国为研究生提供访问学者、联合指导、短期交流等机会。这种形式的项目有助于学生拓宽学术视野，了解国际前沿研究动

---

① 徐园媛，戴倩，蒋臻. 研究生社会主义核心价值观教育协同机制构建 [M]. 重庆：重庆大学出版社，2021.

态，同时增强科研合作与学术交流能力。通过双学位与联合培养项目，研究生可以在不同国家的高等教育机构学习并获得相应的学位证书。这种培养模式不仅可以让研究生接触到不同的教育体系和学习方法，而且能够有效地提升研究生的语言能力和国际化职业素质。[①]参与国际学术竞赛和科研项目，可以让研究生在实践中锻炼团队合作与项目管理能力；同时，这是展示自身学术研究成果、与国际同行进行学术交流和建立专业网络的有效途径。

[①] 李锋亮，孟雅琴. 建设高质量的专业学位研究生教育体系［J］. 研究生教育研究，2023（2）：1-6.

第六章　我国研究生教育国际化的机遇与挑战

　　我国在研究生教育国际化方面面临着诸多机遇和挑战。国际化不仅是提高研究生教育质量的重要途径，也是加强国家竞争力的关键一环。下面将从多个角度探讨我国研究生教育国际化的机遇与挑战，呼吁全社会积极参与，共同推动我国研究生教育的国际化进程。

第一节　我国研究生教育国际化的机遇

一、国家"双一流"计划的机遇

　　随着我国在全球舞台上的崛起，我国研究生教育国际化已经成为国家战略中的一个重要环节。通过国家"双一流"计划的推动，我国的研究生教育不仅得到了政策和经济支持，还取得了长足的发展，提升了学校和学科的国际影响力。①

1.为我国研究生教育国际化提供了坚实的基础

国家"双一流"计划通过选拔优秀的高校和学科，给了其更多的资源和支持，进一步提高了学校和学科的教学质量和研究水平。这不仅使得我国的研究生教育在国内处于领先地位，也为其走向国际舞台打下了坚实的基础。

2.为我国研究生教育国际化提供了政策支持

我国政府加大对研究生教育的投入，提高了研究生的生活待遇，吸引了更多的国内优秀本科毕业生报考研究生。这不仅有助于提高我国研究生教育的整体水平，也为我国的研究生教育国际化提供了更多的人才支持。

3.为我国研究生教育国际化提供了经济支持

我国政府出台了一系列的政策和措施，鼓励国内高校与国外知名高校和科研机构开展合作交流，拓宽研究生的国际化视野。同时，我国政府设立了各种奖学金和资助项目，鼓励研究生到国外进行学术交流和合作研究。这些经济支持措施为我国研究生教育国际化提供了重要的保障。

通过国家"双一流"计划的推动，我国研究生教育国际化已经取得了显著的成就。越来越多的研究生参与国际学术交流和合作研究，为我国学科的发展和创新提供了新的思路和方法。②同时，我国的研究生教育受益于国际合作，引进了先进的教学理念和方法，提升了教育质量和培养效果。

通过国家"双一流"计划的推动，我国研究生教育国际化面

---

① 蒋琦玮."双一流"建设高校研究生教育国际化探究［J］.现代大学教育，2019（4）：30-37.

② 林佳.专业学位硕士研究生创新创业教育改革与探索［J］.中国电力教育，2021（A1）：245-246.

临的国家战略与发展的机遇也变得更加明显。我国应该充分利用这个机遇，积极推动我国研究生教育国际化的进程，不断增强我国研究生教育的国际竞争力，为我国的发展和繁荣作出更大的贡献。

二、"一带一路"倡议的机遇

"一带一路"倡议不仅为我国研究生教育提供了发展机遇，也为"一带一路"共建国家的学生提供了更多的学习和交流机会，为双方的共同发展注入了新的动力。

1.为我国研究生教育国际化提供了广阔的合作空间

随着"一带一路"倡议的不断推进，我国与"一带一路"共建国家之间的教育合作日益加强。通过建立合作办学机构、开展学术交流和人才培养合作等方式，我国研究生教育机构与"一带一路"共建国家的高等教育机构得以深入合作，实现资源共享、优势互补。这不仅为我国研究生教育提供了更多的国际化教育资源和优质的学术环境，也为"一带一路"共建国家的学生提供了更多的学习和发展机会。

2.促进了我国高等教育与"一带一路"共建国家的交流合作

在"一带一路"倡议的推动下，我国与"一带一路"共建国家之间的交流合作得到了极大加强。通过举办国际学术会议、开展学术交流活动、互派教师和学生等方式，我国高等教育机构与"一带一路"共建国家的高等教育机构之间的交流合作更加紧密。这种交流合作不仅有助于双方在学术研究和人才培养上的共同进步，也为我国研究生教育的国际化发展提供了更多的机会和平台。

3.为我国研究生教育提供了开拓国际市场的机遇

随着我国在世界舞台上的影响力不断提升，越来越多的国际学生选择来中国留学，其中研究生教育是他们的重要选择之一。"一带一路"倡议为我国研究生教育提供了更多的机会，吸引了更多的国际学生来我国学习。这不仅促进了我国研究生教育的国际化发展，也为我国高等教育的国际影响力提升作出了积极贡献。

"一带一路"倡议为我国研究生教育国际化提供了广阔的合作空间和发展机遇，促进了我国高等教育机构与"一带一路"共建国家高等教育机构的交流合作。我国应该充分认识到这一机遇的重要性，不断拓展我国研究生教育的国际化发展，为我国高等教育的进一步崛起作出新的贡献。同时，我国应该加强国际学术交流，借鉴"一带一路"共建国家的先进经验，不断提升我国研究生教育的质量和水平，为培养更多具有国际视野和创新能力的人才作出努力。只有这样，我国才能更好地适应国际化的发展趋势，为我国的科技创新和社会进步作出更大的贡献。

三、国际交流与合作的机遇

研究生教育国际化为我国研究生提供了与国外优秀学者交流、合作的机会，这一机遇不仅可以拓宽研究生的视野，增加知识储备，还可以提升他们的国际竞争力，进一步促进我国研究生教育的国际化进程。国际化的交流与合作机遇是多方面的，涵盖了学术交流、科研合作以及文化交流等众多领域。

1.为我国研究生教育国际化提供了学术交流的机遇

通过与国外优秀学者进行学术交流，我国研究生可以了解到最前沿的学术动态和研究方法，拓展自己的学术思路。与国外学者合作研究项目，可以加深对专业领域的理解，提升科研水平。此外，学术交流能够促进学科间的融合与创新，推动学术界的进步发展。

2.为我国研究生教育国际化提供了科研合作的机遇

通过与国外优秀学者合作开展科研项目，我国可以借鉴他们的相关经验和技术手段，增强我国研究生的科研能力。同时，科研合作可以促进国内外学术资源的共享与整合，加快科研成果的转化与应用，推动我国科技创新的发展。

3.为我国研究生教育国际化提供了文化交流的机遇

在与国外学者交流合作的过程中，我国研究生可以了解到不同国家和地区的文化差异和多元化，扩大他们的国际视野和增强他们的跨文化沟通能力。这种文化交流有助于打破传统的思维模式，促进文化的交融与碰撞，培养具有全球视野和包容性思维的研究生人才。

研究生教育国际化为我国研究生提供了与国外优秀学者交流、合作的机会，这一机遇对于研究生的个人发展和国家的科技创新都具有积极的影响。我国应该积极支持和推动研究生教育的国际化进程，加强与国外高水平高校和研究机构的合作交流，为我国培养更多具有国际竞争力的研究生人才，推动我国研究和创新的发展，实现国家的长远发展目标。

第二节　我国研究生教育国际化的挑战

一、知识结构的更新

面对全球化的浪潮，我国研究生教育适应时代的要求，不断更新知识结构，培养具备国际视野和创新能力的研究人才，以适应全球化背景下的需求。研究生教育国际化是我国高等教育事业发展的重要方向和趋势。

1.知识结构的更新是研究生教育国际化的重要基础

传统的知识结构在某种程度上受到了国内学术文化的影响，具有较强的学科专业性和理论性。然而，在全球化的背景下，这种传统知识结构已经不能满足当前社会的需求。因此，我们需要将知识结构进行更新，使之更加符合国际化的标准。

2.知识结构的更新需要注重跨学科的融合

在全球化时代，各个学科之间的边界变得模糊，各个学科之间的交叉合作也越来越频繁。因此，研究生教育需要将不同学科的知识进行整合，培养具备跨学科研究能力的研究人才。通过跨学科的学习和研究，研究生将能够更好地理解和解决复杂的问题，提升解决问题的能力和水平。

3.知识结构的更新需要注重国际化的学术交流

在全球化背景下，学术交流已经成为研究生教育的重要组成部分。通过与国际同行的交流，研究生可以了解国际学术前沿的动态，拓宽自己的研究视野，提高自己的研究水平。因此，我们需要积极推动研究生的国际学术交流，为他们提供更多的国际交流机会，培养他们具备国际竞争力的研究能力。

4.知识结构的更新需要注重创新能力的培养

创新是推动社会进步和经济发展的重要驱动力，也是全球化时代研究生所应具备的重要能力。因此，研究生教育应该注重培养学生的创新思维和创新意识，引导他们进行创新性的研究和实践，培养他们成为具备创新能力的研究人才。

研究生教育国际化的挑战是不可避免的，但也是充满机遇的。通过知识结构的更新，我们能够培养出更多具备国际视野和创新能力的研究人才，为我国的科技创新和经济发展作出更大的贡献。因此，我们应该积极面对挑战，努力推动研究生教育的国际化进程，使之更好地适应全球化的需求。同时，我们要加强国内学科的建设，提升学术水平和竞争力，为研究生教育国际化打下坚实的基础。

总之，研究生教育国际化要求我国研究生知识结构的更新。通过跨学科的融合、国际化的学术交流和创新能力的培养，我们能够培养出具备国际视野和创新能力的研究人才，适应全球化背景下的需求。面对挑战，我们应该勇敢面对、积极探索，为我国高等教育事业的发展作出更大的贡献。

二、教育理念的创新

教育理念的创新是我国研究生教育国际化面临的挑战之一。在国际化的背景下，研究生需要具备更宽广的视野、全球化的思维和跨文化交流的能力。因此，创新教育理念是培养具备国际竞争力的研究生的必然选择。

第一，将培养学生的综合素质放在教育的核心地位。综合素质不仅包括学术能力，还包括创新精神、实践能力、领导才能等多个方面。因此，我们需要不断更新教育理念和方法，通过启发式教学、项目式学习等方式，激发学生的学习兴趣和创造力，培养他们的自主学习能力和团队合作能力。注重培养学生的创造力和实践能力。

第二，我们需要开设多样化的创新教育课程，组织多元化的实践活动，让研究生能够在实践中学习、成长，真正做到理论与实践的结合。要实现研究生教育的国际化，教育理念的创新是必不可少的。只有通过创新教育理念，改革培养方式，注重培养学生的综合素质和跨文化交流能力，我们才能培养出具备国际竞争力的研究生。因此，我们应该积极推动教育理念的创新，使之与时俱进，符合教育国际化的需求，为我国研究生教育国际化的发展作出更大的贡献。

三、跨学科研究的需求

研究生教育国际化的推进，意味着培养具备跨学科研究能力的高层次人才，这对于我国高校的师资队伍提出了新的挑战。为了适应这一挑战，我国高校不仅需要加强教师的学科交叉能力，还需要重视培养跨学科研究的需求。

1.跨学科研究要求我国高校加强教师的学科交叉能力

我国部分高校的教师往往更多地专注于自己所属的学科领域，对其他学科的了解和掌握较少。然而，随着研究生教育国际化的深入推进，跨学科研究的需求日益增加。因此，我国高校需要加强教师的学科交叉培训，使他们能够更好地理解和应用其他学科的知识，从而在跨学科研究中发挥更大的作用。这不仅需要我国高校提供相关的培训机会，还需要教师们自觉增强学科交叉的意识，主动探索多学科的融合与创新。

2.跨学科研究对我国高校师资队伍的结构提出了新的要求

我国大多数高校的师资队伍主要由本学科的专业人才组成，而跨学科研究要求高校引进更多具有多学科背景的教师。这些教师不仅要具备一定的学科专长，还应具备广泛的学科知识和跨学科研究的能力。因此，我国高校需要在招聘和培养师资队伍时注重多学科背景的教师，为跨学科研究提供强有力的支持。我国高校还应加强与其他学科领域的合作，促进不同学科间的交流与合作，提高师资队伍的整体学科水平。

3.跨学科研究要求高校加强学科间的融合与创新

跨学科研究的需求要求高校打破学科壁垒，促进学科间的融合与创新。高校可以通过设立跨学科研究中心或实验室，邀请不同学科的教师和研究人员共同参与研究项目，开展跨学科研究。这样的做法不仅能够促进学科间的交流与合作，还能够培养学生的跨学科思维和创新能力，为研究生教育国际化提供有力支持。

总之，高校应加强教师的学科交叉能力培养，重视跨学科研究的需求；注重招聘和培养多学科背景的教师，提高师资队伍的整体学科水平；同时，我国高校应加强学科间的融合与创新，促进跨学科研究的开展。只有在这样的努力下，我国的研究生教育才能真正实现国际化，培养出更多具备跨学科研究能力的高层次人才，为我国的创新与发展贡献力量。

四、学术规范和国际竞争力的提升

我国研究生教育面临着学术规范和国际竞争力提升的挑战。为此，我们需要加强学术交流与合作，引领学术前沿与科技创新。学术规范是研究生教育国际化的基石，它涉及学术道德和学术诚信的建立与执行。

1.提升学术规范需要我们不断加强学术道德教育

研究生应该时刻保持学术诚信，严守学术道德规范。这意味着我们要坚守诚实、严肃、公正的研究原则，严禁抄袭、剽窃等违反学术规范的行为。同时，我们需要培养批判思维和科学精神，不断追求真理和创新，以推动学术界的发展。

2.提高国际竞争力需要我们不断提升学术水平和研究能力

在国际化的大背景下，我们要不断拓宽学术视野，积极参与国际学术交流与合作。要鼓励更多的研究生参加各种国际学术会议、进行国际合作研究等，这些都是提高国际竞争力的有效途径。通过与国际同行的交流与合作，我们可以了解到最新的学术动态和研究方向，进而提升自己的学术水平和研究能力。

3.加强学术交流与合作是提升国际竞争力的重要手段

在国际化的背景下，学术交流与合作已经成为学术界的一种趋势。通过与国外优秀学者的交流与合作，我们可以借鉴他们的先进经验和研究方法，提高自己的研究水平。同时，学术交流与合作可以促进学术界的资源共享和合作创新，为我国的科技创新提供更广阔的空间。

4.要引领学术前沿与科技创新，我们需要加强学术团队和科研平台的建设

加强建设高水平的学术团队，对于提升学术规范和国际竞争力是至关重要的。我们也应该加强科研平台的建设，提供更好的科研条件和资源支持，为学术前沿的探索和科技创新提供有力的支撑。

我国研究生教育国际化既面临机遇，也面临挑战。通过充分利用国际交流与合作的机遇，调整人才培养模式，积极响应国家战略与发展的机遇，以及创新科研与加强社会参与的挑战，我国可以实现研究生教育国际化的目标。

第七章 我国研究生教育国际化的政策建议

自"十四五"规划实施以来，我国在高等教育领域的投入与作出的努力有目共睹。

首先，我国政府对高等教育的投入持续增加，为我国高等教育事业的发展奠定了坚实基础。

一是我国政府加强了基础设施建设，投入大量资金用于新校区建设、实验室设备更新等，为学生和教师提供了更好的学习和研究环境。

二是我国政府加大了对高校科研项目的支持力度，鼓励教师开展科学研究，推动科技创新与产业发展的结合。

三是我国政府积极推动高等教育国际化，提供奖学金和交流项目，鼓励学生和教师赴国外学习和交流，拓宽他们的国际视野。

其次，我国在高等教育领域进行了一系列政策和制度改革。

例如，通过实施高水平大学和一流学科建设计划，我国努力提高高校的办学水平和教学质量，推动高等教育内涵式发展。

尽管我国研究生教育已取得一定成就，仍存在一些待完善之处。本章将从利用内在优势、优化外部拓展、探索内部发展以及发掘潜在实力四个方面展开论述，对如何提高我国研究生教育综合竞争力进行路径分析，探索我国研究生教育国际化的新思路。

第一节　利用内在优势：制定我国研究生教育国际化战略框架

一、以我国传统文化和价值观为导向，突出自身特色和优势

鲁迅先生曾言"只有民族的，才是世界的"，现如今研究生教育加入国际化浪潮是明智之选。但要在充分尊重历史的发展轨迹并汲取借鉴成功经验的前提下，准确洞察21世纪政治经济、高等教育、学术研究的演进方向，以全局发展的视角，深入研究并慎重拟定符合当今现状的关于学位授予与研究生教育长远发展的战略规划。以全球化的视野格局，以坚持自主发展为主旋律，坚持研究生教育不断创新，这与中华民族可持续教育发展目标相一致，也是我国从研究生培养大国转为研究生培养强国的战略之本。

（一）充分发挥中国传统文化的独特优势

中国拥有悠久的历史和深厚的文化底蕴，我们可以通过结合传统文化，为研究生教育注入独特的价值观和思维方式。中国传统文化拥有丰富的智慧和价值观，对于增强研究生教育综合竞争

力具有重要意义。

在培养学生的思考能力和创新意识方面，中国传统的思辨精神和工匠精神给我们提供了宝贵的经验。中国传统文化注重思辨和钻研，强调对问题的深入思考和探索，这与研究生培养的目标高度契合。在当今急需创新的社会环境中，培养具有创新精神和独立思考能力的研究人才显得尤为重要。

1.借鉴中国传统的思辨精神

借鉴中国传统的思辨精神，我们可以培养学生的批判性思维。传统文化强调思辨，即通过深入思考和探索问题，以求得更准确、更全面的答案。这种思维方式不仅能够帮助学生理解问题的本质，还能够培养他们审视问题的能力，从不同角度进行分析和评估。通过培养批判性思维，学生能够更好地辨析信息，提出有力的观点，并在面对复杂问题时作出明智的决策。

2.借鉴中国传统的工匠精神

借鉴中国传统的工匠精神，我们可以培养学生解决问题的能力。工匠精神强调对细节的精益求精和对质量的追求。将这种精神融入研究生培养工作中，我们可以帮助学生培养解决问题的耐心和毅力，以及对研究工作的细致和严谨。通过反复推敲和实践，学生能够更好地理解问题的复杂性，并寻找到切实可行的解决方案。工匠精神还能够培养学生对工作的热情和责任感，使他们在研究领域中追求卓越，不断创新。

总之，借鉴中国传统的思辨精神和工匠精神，我们可以为研究生培养提供更加有效的方法和途径。通过培养学生的批判性思维和解决问题的能力，我们能够培养出具有创新精神和独立思考能力的研究人才，为社会的发展和进步作出更大的贡献。

（二）充分彰显中国传统价值观的独特优势

中国传统文化注重道德伦理和人文精神的培养，强调思想道德修养与人格塑造。在研究生教育中，这种传统价值观的培养可以使学生具备较高的道德品质和职业道德，增强他们的社会责任感和使命感。传统文化中的道德观念和人文关怀也可以融入研究生教育中，培养学生的社会责任感和人文素养。传统文化强调人与人之间的和谐关系和互助精神。在研究生教育中，我们可以加强学生的团队合作能力和社会责任感的培养。通过开展志愿者活动、社会实践等方式，学生亲身体验社会问题，思考如何以自己的专业知识和能力为社会作出贡献。这样培养出的研究生不仅具备专业能力，还具有社会责任感和人文关怀，能够为社会发展和进步作出积极贡献。

在研究生教育中融入传统文化的道德观念和人文关怀，对于培养学生的社会责任感和人文素养至关重要。传统文化强调人与人之间的和谐关系和互助精神，这种价值观念与现代社会的发展需求相契合。因此，我们可以通过教育方式和教材内容的设计，引导学生了解和思考传统文化中的道德观念，培养他们对社会的责任感。

除了课堂教学，开展志愿者活动和社会实践也是培养研究生社会责任感和人文关怀的有效途径。通过参与志愿者活动，研究生可以亲身体验社会问题和困难群体所面临的挑战，增强他们对社会问题的认知和关注。同时，通过社会实践，研究生能够将专业知识与实际问题相结合，思考如何运用自己的专业能力为社会作贡献。在这个过程中，研究生不仅需要展现团队合作能力，还需要培养自己的社会责任感和人文关怀。通过与他人合作，研究生能够学习与他人相互协作、倾听和尊重的能力，从而建立良好的人际关系和团队合作精神。同时，研究生应当关注他人的需求和利益，用以人为本的态度对待社会问题，积极思考如何以自己的专业知识和能力为社会作出贡献。

研究生具备专业能力、社会责任感和人文关怀，才能够关注社会问题，积极参与社会实践，为社会发展和进步作出积极贡献。同时，他们能够与他人和谐相处，展现出良好的人际交往能力和团队合作精神。这样的研究生将成为社会中的中坚力量，为社会的繁荣和进步作出重要贡献。

二、以求同存异的发展理念为导向，积极地结合本国国情与国际前沿动态，完善自身体制

结合我国的研究生教育状况，"求同"是以开放的姿态、全球化的视角与国际研究生教育体制接轨，形成兼容并包的学术氛围；"存异"是指取各家之所长，为自身之所用，避免本国研究生教育处于单一化、被动化的状态。"求同存异"的发展理念是我国研究生教育不断向前发展的不竭动力之一。①我国的研究生教育应以基本国情为载体，以国际前沿动态为导向，敏捷而稳步地调整自我方向，积极地完善政策制度、科研队伍建设体系、监管评估系统等一系列体制。

（一）加强学科建设，提高研究生培养质量

学科建设是提高我国研究生培养质量的关键所在。为了实现研究生培养的高质量发展，我们需要以全新的视角来加强学科建设。

---

① 马永红，马万里. 高等教育普及化背景下研究生教育发展阶段划分与走向思考——基于国际比较视角 [J]. 中国高教研究，2021（8）：26-33.

1.注重培养学生的创新能力和思维方式

随着时代的进步和科技的发展，传统的培养模式已经无法满足当前社会对高素质人才的需求。因此，我们需要通过创新的教学方法和培养方案来激发学生的创新潜能，培养他们的独立思考能力和解决问题的能力。

2.加强学科建设需要关注新的数据支撑

在当今信息化时代，数据已经成为科学研究的重要支撑。我们应该积极借助大数据、人工智能等新技术手段，收集和分析相关数据，为学科建设提供科学依据和决策支持。通过充分利用数据资源，我们可以更好地了解学科的现状和发展趋势，为培养高质量研究生提供更科学的指导和培养方案。

3.加强学科建设需要具备新时代中国特色社会主义理念

高校教师应该牢记自己的使命和责任，为国家的发展贡献自己的力量。高校教师应该关注国家的重大需求和战略发展方向，将学科建设与国家的发展目标相结合，积极投入到重点学科和领域的研究中。只有通过加强学科建设，我国才能培养出更多具备国际竞争力的高水平研究生，为我国科技创新和社会进步作出更大的贡献。①

（二）改革招生和评价机制，选拔优秀研究生

研究生招生和评价机制的改革是一个重要的议题，其目的在于选拔出具有创新性和正能量的优秀研究生。为了实现这一目标，需要以全新视角来审视现行机制，并对其进行必要的

---

① 陈新忠，康诚轩. 国外一流大学创新型人才培养的经验借鉴及启示［J］. 中国高校科技，2023（12）：52-59.

改革。

1.改革招生机制

提高研究生教育的综合竞争力还需要改革招生机制，以求同存异的观念来选拔优秀的研究生。为了选拔优秀的研究生，我们需要进一步改革研究生招生机制，建立科学公正的选拔机制。传统的招生方式主要依靠考试成绩，容易忽视学生的综合素质和潜力。因此，我们可以引入多元化的招生方式，如学术录取考量、综合素质评价等，综合考量学生的学术能力、科研潜力、创新能力和综合素质。同时，我们要注重对学生的个性特长和兴趣爱好的评价，鼓励多元发展，选拔出适合研究生教育的优秀学生。

2.注重研究生的综合素质和潜力

在评价机制方面，我们应该更加注重研究生的综合素质和潜力。优秀的研究生不仅应具备扎实的专业知识和研究能力，还需具备创新思维和团队合作能力。

总之，改革招生和评价机制是提高研究生教育综合竞争力的重要举措。通过建立科学公正的招生机制、注重研究生的培养和评价，以及建立导师评价和培养机制，我们可以选拔出更多优秀的研究生，提高整体竞争力。我们应该鼓励研究生在学术研究中展现出正能量。研究生是未来学术界的中坚力量，他们的研究成果和学术影响力将直接影响到学术发展的方向和质量。因此，我们应该注重选拔那些对社会有益、具有社会责任感的优秀研究生，倡导他们在研究中关注社会问题、推动学术进步，并鼓励他们积极参与公益活动，传递积极的正能量。

三、坚持社会主义市场经济改革方向，培养专业硕士人才

坚持社会主义市场经济改革方向，意味着在培养专业硕士人才的过程中，必须注重市场需求和经济发展的导向。这要求我们在课程设置、教学方法、实践环节等方面进行全面改革，使研究生教育更加贴近社会需求，更加注重培养学生的实践能力和创新精神。只有这样，我们才能为国家的经济建设和社会发展提供更多的智力支持。

（一）社会主义市场经济导向与需求匹配

社会主义市场经济导向能够更好地满足社会的需求。随着社会经济的发展，各个行业对高层次专业人才的需求越来越迫切，而社会主义市场经济导向的培养模式能够更加精准地满足社会的需求。

1.了解各行业的发展趋势和人才需求

通过社会主义市场经济导向的培养模式，我们可以更好地了解各行业的发展趋势和人才需求。通过与企业、行业协会等相关方进行深入沟通和合作，我们可以掌握市场对人才的需求情况，从而有针对性地调整专业硕士人才的培养方向和内容。

2.增强专业硕士人才的实践能力

社会主义市场经济导向的培养模式能够有效增强专业硕士人才的实践能力。与企业合作开展实践项目、实习和实训等形式，可以使研究生更好地掌握实际工作技能，增强市场竞争力。

3.培养研究生的创新能力和团队合作能力

社会主义市场经济导向的培养模式能够培养研究生的创新能力和团队合作能力，使其能够更好地适应市场需求和行业变化。这种培养模式注重培养学生的实践能力和综合素质，通过实践项目、课程设置和社团活动等多种形式，激发学生的创新思维和团队合作意识。在这样的培养环境下，研究生不仅可以学到专业知识和技能，还能够培养解决问题的能力和适应市场需求的能力。同时，这种培养模式注重研究生的自主学习和自我发展，通过开展研究生自主研究和创新实践项目，激发研究生的创新潜能和创业意识，为研究生未来的职业发展奠定坚实基础。

（二）社会主义市场经济导向与创新能力提升

社会主义市场经济导向的培养模式能够促进专业硕士人才的创新能力。社会主义市场经济注重市场竞争，培养出的专业硕士人才更加注重创新思维，能够更好地适应市场需求并提供创新解决方案。

首先，社会主义市场经济导向培养模式注重实践能力的培养，鼓励研究生主动参与实际项目和实践活动，在实践中锻炼创新思维和解决问题的能力。通过参与实际项目，研究生能够真正地将所学理论知识应用于实际操作中，从而加深对知识的理解和掌握。同时，实践活动提供了一个锻炼创新思维和解决问题能力的机会，让研究生通过实践去思考、去探索、去实现自己的想法，从而培养出富有创造力和创新精神的人才。

其次，社会主义市场经济导向培养模式强调跨学科的学习和合作，培养研究生的综合能力和跨领域的思维方式，从而激发创新思维。在这种培养模式下，研究生将接触到不同领域的知识和技能，学习不同学科间的交叉应用，从而拓宽了自己的知识面和思维方式。同时，进行跨学科学习和合作，让研究生学会与不同专业背景的人合作，充分发挥各自的专长，共同解决复杂的问题，能够激发研究生的创新思维，让他们具备更加综合和全面的能力。

最后，社会主义市场经济导向培养模式鼓励研究生参与创业和创新项目，提供创新创业的平台和资源支持，培养他们的创新精神和创新能力。研究生可以通过参与创业和创新项目，将自己的创意和想法转化为实际行动，并获得实践经验和实际成果。同时，我国高校为研究生提供创新创业的培训和指导，让他们掌握相关的知识和技能，增强自己的创新能力。这种鼓励学生参与创业和创新项目的做法，有助于培养出具备创新精神和创业意识的人才，为社会主义市场经济的发展提供有力支持。

（三）社会主义市场经济导向与就业竞争力提升

社会主义市场经济导向的培养模式能够提升专业硕士人才的就业竞争力。

首先，社会主义市场经济导向的培养模式更加注重培养学生的职业素养和实践能力，使他们能够更好地满足市场需求和规划职业发展，增加就业机会。这种模式注重学生的职业素养培养，提供了更多实践机会和实际应用情境，帮助学生从理论转向实践，更好地适应市场的变化。这种培养模式注重学生的创新能力、团队合作能力和解决问题的能力，使得他们在职场中能够更好地发挥自己的优势，提升就业竞争力。

其次，社会主义市场经济导向的培养模式注重与企业的合作和交流，为学生提供实习和就业机会，增加他们的实际工作经验和职业背景，提升就业竞争力。通过与企业的合作和交流，学生能够接触到真实的工作环境和职场文化，了解企业的需求和要求，从而更好地制定个人职业规划。同时，这种合作和交流为学生提供了实习和就业机会，让他们能够在实践经验中丰富自己的职业背景，提高自身的竞争力。

最后，社会主义市场经济导向的培养模式注重研究生的综合素质和跨文化交流能力的培养，使他们能够更好地适应国际化的就业环境。在全球化的背景下，跨文化交流能力成为职场中必不可少的素质之一。社会主义市场经济导向的培养模式注重培养研究生的跨文化交流能力，包括语言表达、跨文化沟通和多元文化意识等方面。同时，社会主义市场经济导向的培养模式注重研究生的综合素质发展，包括道德修养、社会责任感等方面，使学生在就业过程中更好地履行自己的社会责任。

因此，社会主义市场经济导向的培养模式对于深化专业硕士人才的培养也具有重要意义。这种培养模式以社会主义市场需求为导向，注重培养学生的实践能力和创新精神，使其能够适应社会主义市场经济发展的需求。进一步深化社会主义市场经济导向的培养模式，能够推动研究生教育国际化的发展。社会主义市场经济导向的培养模式也注重培养学生的国际视野和跨文化交流能力，使其能够在国际化的背景下更好地发挥专业技能和创新能力，提升我国研究生教育的国际影响力。

第二节　优化外部拓展：进一步深化国际交流与协作

党的二十大报告指出："我们要坚持教育优先发展、科技自立自强、人才引领驱动，加快建设教育强国、科技强国、人才强国，坚持为党育人、为国育才，全面提高人才自主培养质量，着力造就拔尖创新人才，聚天下英才而用之。"在此教育战略格局下的中国研究生教育，虽然已经迈出了实质性的步伐，但培养国际化研究生仍然是一个系统工程，不是一蹴而就的。我们要时刻葆有不懈开拓创新的热忱、高瞻远瞩的战略部署、实事求是的理论品质，逐步打开新思路，不断开创我国研究生教育国际化的新局面，从而在国际社会建立颇具影响力的高等教育文化形象。①

一、制定国际化的培养目标

培养目标的设定关系到一所高校研究生教育的方向，准确的培养目标定位有助于减少教育过程中时间的浪费，加快形成国际化的教育氛围。高校要栽培的就是能将创新意识、能力以及国际竞争能力内化的贤者。高校应以本国的文化为基础，培养适应时代发展的精英，教育学生热爱和平，对和平的生活环境充满向往。高校要培养学生不只站在一种角度上看问题，而是培养学生要有远见，力求让学生养成从全球角度观察思考和处理问题的良好习惯。

（一）加强国际化视野的培养

在当前全球化背景下，研究生培养的国际化已经成为高等教育发展的必然趋势。国际化视野培养作为研究生培养的重要内容之一，具有重要意义和深远影响。为了适应国际化发展的需求，高校应当积极探索并开展国际化视野培养的相关工作，以培养具备国际竞争力的高素质人才。

---

① 洪大用. 贯彻落实党的二十大精神 加快建设研究生教育强国［J］. 学位与研究生教育，2023（9）：1-7.

1.加强对外交流与协作

我国高校应积极与国外优秀大学建立合作关系，开展学术交流和合作研究项目，促进师生之间的学术交流与合作。通过与国外学者的交流，学生可以了解国际学术前沿动态，拓宽学术研究视野。此外，高校应鼓励学生参加国际学术会议、交流访问等活动，增强其沟通能力。

2.加强多语种能力的培养

掌握多种语言对于培养具备国际竞争力的研究生非常重要。高校可根据实际情况提供多样化的语言培训课程，帮助学生掌握比如英语、法语、德语等语言，提高学生的外语水平。通过多语种能力的培养，学生可以更好地适应跨国企业和国际组织的工作环境。

总之，国际化视野培养是研究生培养的必然要求和发展趋势。这些举措可以为研究生提供更广阔的发展空间，培养具备国际竞争力的高素质人才，为国家和社会发展作出更大的贡献。

（二）注重跨学科培养

跨学科培养也是提高研究生教育综合竞争力的关键。现代社会的问题往往是复杂而多样化的，需要跨学科的解决方案。因此，我们应该鼓励研究生在学科边界上进行交叉学习和研究，培养他们的跨学科思维和解决问题的能力。我们在培养计划中增加跨学科课程和项目，为学生提供广阔的学术视野和培养综合素养，有助于他们更好地适应未来的工作需求。

1.建立跨学科研究生培养机制是开展跨学科培养的基础

我国高校应设立跨学科研究生培养机构或专门的跨学科培养部门，负责组织和管理跨学科培养项目；同时，应制订相关的培养计划和课程，明确培养目标和培养要求，确保学生能够在不同学科领域进行广泛学习和实践，培养跨学科思维和团队合作能力。

2.加强师资队伍建设是跨学科培养的关键

我国高校应引进和培养具有跨学科研究背景和经验的导师，组建跨学科导师团队，为学生提供专业的指导和支持；同时，应鼓励教师进行跨学科合作研究，促进不同学科之间的交流与合作，为学生提供更多的学科交叉机会和资源。

3.加强学生跨学科实践是开展跨学科培养的重要手段

我国高校应鼓励学生参与跨学科研究项目和实践活动，搭建跨学科交流平台。通过参与跨学科团队合作，学生可以接触到不同学科的知识和方法，培养解决复杂问题的能力和跨学科思维。

总之，开展跨学科培养对于提升研究生的综合素质和创新能力具有重要意义。通过建立跨学科研究生培养机制、加强师资队伍建设和学生跨学科实践，我国可以培养出具有跨学科思维和解决复杂问题能力的研究生，为其未来的学术研究发展打下坚实基础。

（三）加强国际化人才培养的评价体系建设

1.建立全面多元的评价指标体系

传统的评价指标体系往往过于注重学术成果和科研能力，而忽视对学生的跨文化沟通能力、国际视野和创新思维等素质的培养。因此，评价指标体系应包括学术成果、学术交流、国际竞赛、语言能力、国际实习等多个维度，以全面反映学生的国际化培养成果。

2.注重评价方法的创新和多样性

评价体系的创新可以通过引入新的评价手段和工具，如学生项目报告、实践能力考核、团队合作评估等，以便更全面地评估学生在国际化背景下的综合能力。此外，我们可以通过多元化的评委组成专家评审、同行评议等方式，确保评价的客观性和公正性。

3.加强评价结果的运用和反馈

评价结果应及时向学生反馈，以帮助他们了解自己的优势和不足，并针对不足之处进行改进和提升。同时，评价结果应被用于对课程设置、学习方法和培养计划的调整和改进，以不断改善国际化人才培养的效果。

总之，只有通过这些措施的实施，我国才能逐步全面提升研究生教育的国际化水平和竞争力，为国家的发展和进步作出更大的贡献。

二、深化国际交往与协作

国际化的交往与协作主要包括两个方面：打开国际研究生留学市场以及进一步加深国内外教师的沟通与互助。

（一）打开国际研究生留学市场

各国之间的沟通有着重要意义。世界各国知名大学对国际交流高度重视，并且在校的留学生占据很大份额。留学生在留学期间不仅可以学习他国的文化，更能够将本国文化传播出去，促进两国学生互相理解，使得国际文化有所交流。本国学生与留学生的交流，能够增进各国、各民族之间的了解和理解，促进世界文化在和谐中前进，推动世界和平发展。合作办学是一种发展契机，加快高校与国际接轨。高校不能把合作办学仅仅当作一种获取利益的途径，而是要利用好合作办学，积极推动留学事业的发展。

（二）进一步加深国内外教师的沟通与互助

在研究生的国际化培养进程中，教师起着重要的作用，教师的国际化成为培养出国际化人才的一种强有力的保证。随着社会发展，师资力量也要有所加强，这就要教师队伍国际化，并且不断壮大教师力量。高校教师应走出校门，走出国门，放眼国际，吸取其他国家优秀的教学方法及理念，将最先进的知识传授给研究生。与此同时，各高校应常邀请国外的知名学者为学生讲解知识，让国内外教师进行交流，互换彼此的教学经验以及教学理念，探讨最适应教育国际化的教学方式。

国内外教师要加强科研合作，将最前沿的研究信息与学生分享。这样可以使我国的研究生课程更加充实、更有活力，从而更好地满足我国高等教育改革和发展的需要；同时，能提高青年教师的素质，促进他们尽快成长起来。因此，我国应该鼓励中青年教师到海外去深造学习。

我国高校应定期组织学术交流、学术会议和学术讲座等活动，为师生提供与国内外优秀学者互动交流的机会。此外，我国高校要继续为师生提供各类学术研究基金和奖学金，以支持他们推进科研项目和发表学术成果。这样不仅为师生提供了广阔的学术发展空间，也鼓励他们积极参与学术研究，提升自身的学术水平。

三、推进国际化课程

研究生课程的国际化实施直接影响着学生对国际议题的敏感性，合理的课程安排能最大限度地挖掘学生对国际议题的感知力。课程开设反映了制度的落实以及知识的推广。国际化课程内容在研究生教育国际化中的作用举足轻重。以下几种途径可以体现出课程的国际化：

首先，设置课程要与国际主题及国际教育相关。

其次，教师在授课的时候将一些最新的科研成果或国际方面的内容与学生分享。

最后，与国外高校进行合作，为学生请进海外知名学者讲学，并为学生提供交流项目。

（一）加强国际化课程设置

随着经济全球化的不断深入，我国研究生教育需要更加关注国际化课程的设置，并且国际化课程设置应当具备创新性和可行性，以适应当今全球化的教育环境，进而提高其综合竞争力。

首先，我国应加强对国际化课程的研究和规划，确保课程内容与国际接轨。

其次，国际化课程应注重培养学生的跨文化交流和合作能力。在课程中，我国高校可以设置团队合作项目或实践环节，让研究生与来自不同国家和文化背景的同学合作，提升他们的跨文化沟通和协作能力。

再次，国际化课程应注重培养研究生的创新思维和解决问题能力。课程设置可以包括创新创业课、科研项目等，鼓励研究生主动探索和解决实际问题。我国高校还可以引入国际前沿的研究方法和技术，培养学生的科学研究能力和创新意识。

最后，为了确保国际化课程的可行性，我国高校应结合中国特色，发挥本土优势，使得课程内容既有国际视野，又具有地方特色。这其中包括但不限于文化背景、教育政策、市场需求以及学生的语言水平和接受能力。

（二）促进国际化课程教学质量提升

为了推进国际化课程，提高研究生教育的综合竞争力，我们还需要关注国际化课程的教学质量。

1.加强教师队伍的培养和引进

培养一支具有国际视野和教育背景的教师队伍，既能够提供高质量的国际化课程教学，也能够引领研究生培养工作向国际化方向发展。这就要求教师不仅要具备扎实的学科基础知识，还需要具备跨文化沟通和教学技巧，以及对不同教育体系和教学方法的了解。为了培养这样一支教师队伍，我们需要从多个渠道进行培养和引进教师人才，推动教育国际化的进程。

第一，高校应该加强本科教育和研究生教育的教师培养工作。通过优秀的本科教育，培养学生的学术素养和专业技能，为他们成为未来的优秀教师打下坚实基础；同时，通过加强研究生培养，培养一批具有深厚学术能力和创新精神的教师，为高等教育的发展注入新的活力。

第二，我国应该积极引进国外优秀的教育人才。通过与国外知名高校和研究机构建立紧密的合作关系，我国要吸引并引进更多国外优秀的教师和研究人员来我国工作和研究。他们将带来新的教学理念和教学方法，推动我国教育的国际化发展。同时，我国应该鼓励教师和研究人员到国外进行交流和学习，增强他们的国际化视野和教育背景，提升他们的教学水平和科研能力。

2.加强教学评估和质量监控

教学评估和质量监控在国际化课程的发展中扮演着重要的角色。在追求教育国际化的过程中，只有确保教学质量的稳步提升，才能更好地满足学生的需求和培养出优秀的人才。我国应建立科学的教学评估体系，对国际化课程的教学质量进行定期评估和监控；通过评估结果的反馈，及时调整教学内容和教学方法，不断提升国际化课程的教学质量。科学的教学评估体系应该包括多种评估方法和工具，能够全面客观地评估教学效果和学生的学习成果。通过定期的评估和监控，我们可以及时发现教学中存在的问题和不足之处，为改进和提升提供依据。评估结果的反馈是教学改进的重要依据。我国的高校教师应该积极倾听学生和家长对教学质量的反馈意见，通过分析评估结果，及时调整教学内容和教学方法。只有不断地根据评估结果进行调整和改进，才能不断提升国际化课程的教学质量，使其更满足学生的需求和达到国际化的标准。

3.国际化课程要注重培养研究生的实践应用能力和创新能力

只有在实践中不断探索和实践，研究生才能真正成为具有创新能力和实践能力的专业人才。

国际化课程应通过实践环节的设置，使研究生能够将所学知识应用到实际问题中，增强解决实际问题的能力。实践环节是国际化课程中不可或缺的一部分。通过实践，研究生可以亲身体验和应用所学知识，从而更好地理解和掌握。例如，研究生可以参与实地考察、实验研究、实际项目等实践活动，通过接触实际问题，不断提升解决问题的能力。国际化课程应该为研究生提供多种实践机会。这些机会可以是学校与企业、机构合作开展的项目，也可以是研究生自主选择的实践活动。通过这些实践机会，研究生可以与不同领域的专业人士合作，共同解决实际问题，培养团队合作和沟通协调的能力。

国际化课程还应该注重培养研究生的创新能力。创新是推动社会发展的核心驱动力，对于研究生来说尤为重要。国际化课程可以通过开展创新实践活动，培养研究生的创新思维，激发他们的创造潜能。例如，研究生可以参与创新设计、创业实践等活动，通过实践中的探索和尝试，培养创新能力和创业意识。

（三）加强国际化课程及教学成果的宣传与推广

为了提高我国研究生教育的综合竞争力，我们需要加强对国际化课程及教学成果的宣传与推广。

1.加强对国际化课程的宣传与推广

我国应该通过有效的宣传手段，向研究生介绍国际化课程的特点和优势，以吸引更多研究生选择这种课程，增强研究生对国际化课程的认知度和兴趣，激发他们的学习积极性。这将有助于培养具有全球视野和跨文化沟通能力的高素质人才，为我国的国际化发展作出积极贡献。

第一，可以利用校园内部的宣传渠道，如学术讲座和学生会活动，向研究生介绍国际化课程。我国高校可以邀请开设国际化课程的专家和学者举办讲座，分享他们的研究成果和经验。同时，我们可以邀请已经参与国际化课程的研究生分享他们的学习体验和收获，以此激发其他研究生对国际化课程的兴趣。

第二，利用校园外部的宣传渠道，如社交媒体和校园网站，向更广泛的研究生群体传播国际化课程的信息。通过撰写精彩的宣传文章和制作吸引人的宣传视频，我们可以生动地展示国际化课程的独特魅力和广阔前景。我们可以邀请研究生参与线上讨论和交流，让他们进一步了解国际化课程的内容和机会。

第三，组织一些特色活动，如国际化课程展览和研讨会，以提升研究生对国际化课程的认知度。在这些活动中，我们可以展示国际化课程的教学内容和实践成果，让研究生亲身感受到国际化课程的独特价值和学习体验。

第四，我们可以邀请国际化课程的相关企业和机构参与活动，与研究生进行交流和合作，为他们提供更多实践机会和就业前景。

2.加强对国际化课程教学成果的宣传与推广

宣传国际化课程教学的成果和研究生的学术成果，能够有助于展示国际化课程在提高研究生综合竞争力方面的作用和价值，增强研究生对国际化课程的认可度和信任度，进一步推动国际化课程的发展。

第一，通过学术论文、研究报告以及学术成果展览等方式，向校内外师生以及利益相关方展示国际化课程教学的成果。这些成果包括研究生在国际化课程中所取得的学术成果，如发表的论文、获得的奖项以及参与的国际学术会议等。

第二，邀请参与国际化课程的优秀研究生进行学术报告，分享他们在国际化课程中所学到的知识和经验，以及取得的成就。这样一来，我们能够在实践层面向师生展示国际化课程的实际效果，增强他们对该课程的认可度。

第三，通过校园媒体、社交媒体以及其他校内外宣传渠道，将国际化课程教学的成果广泛地宣传出去。例如，我们可以在校园网站上设立专栏，介绍国际化课程的目标、内容、教学方式以及学生的学术成果。同时，我们可以在校园公告栏、电子屏幕和校内广播等媒体上，定期发布有关国际化课程教学成果的信息。此外，我们可以利用微信、微博等社交媒体平台，开展线上宣传活动，向更多的人群传递国际化课程的价值和意义。通过这些宣传方式，我们能够让更多的人了解国际化课程的重要性，并激发他们对该课程的兴趣和认同。

第四，通过与其他高校、企事业单位以及国际组织的合作，进一步推动国际化课程的发展。例如，我们可以与其他高校合作举办国际化课程教学成果展览、学术交流会等活动，共同探讨国际化课程教学的创新和发展。同时，我们可以与企事业单位以及国际组织建立合作关系，为研究生提供实习和就业机会，进一步提升他们的综合竞争力。通过这些合作，我们不仅能够扩大国际化课程的影响力和知名度，还能促进课程的不断改进和更新，以适应社会发展的需求。

总之，加强对国际化课程教学成果的宣传是推动该课程发展的重要举措。通过宣传学术成果和个案，我们能够增强研究生对国际化课程的认可度和信任度，进一步推动国际化课程在提高研究生综合竞争力方面的作用和价值。同时，我们要积极与其他高校、企事业单位以及国际组织合作，共同推动国际化课程的发展，以培养更多具有国际视野和综合能力的优秀研究生。通过加强国际化课程设置，促进教学质量提升，加强宣传与推广，可以提高我国研究生教育的国际化水平，培养更多具有全球视野和国际竞争力的高级专业人才，为国家和社会的发展作出更大的贡献。

四、推进师资国际化

教师的国际化程度是影响教育质量的重要因素，强大的师资力量能加快栽培出精英的步伐。如今仍有许多教师认为国际化就是用双语教学，将语言作为国际化的主要标准。事实上，教师在具备语言能力的同时，应了解最新的国际事务，掌握最新的国际理念，具备国际化教学能力，将前沿的教学内容带给学生，而非一成不变地讲解相同的内容。教师要具备感知新理念、适应新事物的素质，对国际事务保持较高的敏感度。

（一）加强师资队伍的引进和培养

在我国研究生教育的国际化视野下，加强师资队伍的引进和培养是至关重要的。传统的师资队伍构成模式已经不能完全满足新时代背景下研究生教育的发展需求。

首先，国际化视野下的师资引进应注重选拔具备国际竞争力和广泛学术影响力的人才。这些人才不仅在学术研究上具备卓越成就，还能够跨越地域和文化的壁垒，为研究生提供全球视野的教育体验。在引进过程中，我们应制定明确的选拔标准和程序，建立与国际标准接轨的评估体系，确保引进的师资真正符合教育国际化的要求。

其次，师资培养应当从国际化的角度出发，打破传统的学科壁垒，推动跨学科研究与交流。培养师资队伍需要注重培养师生之间的全球合作意识和交流能力，通过国际合作项目、学术交流活动和访问学者计划等方式，提升师资队伍的国际化水平。此外，我国高校应建立完善的培养机制，为师资提供持续的学术培训和职业发展机会，使其能够适应不断变化的教育国际化环境。

最后，加强师资队伍的引进和培养需要注重创新教育理念和教学方法。随着科技的快速发展，传统的教学模式已经不能完全满足研究生教育的需求，因此，我国应鼓励师资队伍借鉴国际先进的教育理念和教学方法，积极探索适合研究生培养的创新模式。例如，我国要持续加大引入在线教育、远程教学和虚拟实验室等新技术手段，提升教学质量和学生的学习体验。

综上所述，在我国研究生教育的国际化视野下如何加强师资队伍的引进和培养，需要在师资引进、培养和教学方法等方面进行创新和进行具有前瞻性的探索。只有不断提升师资队伍的国际化水平，才能够为我国研究生教育的国际化发展提供强有力的支撑。

（二）提供良好的工作和发展环境

在我国研究生教育的国际化视野下推进师资建设，提供良好的工作和发展环境很重要。[①]

1.鼓励教师不断创新

我们需要创造积极向上的工作氛围，鼓励师资队伍不断创新。我们可以设立奖励机制，激励教师在教学和科研方面取得突破性成果。此外，建立国际交流平台，促进师资与国际同行的交流合作，也是提供良好工作环境的重要一环。

2.为教师提供广阔的发展空间

在国际化视野下，教师应有更多机会参与国际会议、讲座和研讨会，与国际知名学者进行深入交流，并借鉴其先进的教学和研究方法。同时，需要加强培养师资队伍的国际竞争力。我国高校应提供更多国际化的培训和交流机会，帮助教师拓宽国际视

---

① 郑炜君，王顶明，曹红波. 国际化背景下的研究生教育课程体系与师资建设——第二届研究生教育国际论坛综述［J］. 学位与研究生教育，2017（11）：72-77.

野，增强学术影响力。

3.为教师提供良好的工作环境和生活条件

我国政府应积极改善师资的生活和福利待遇，为他们提供舒适的工作环境和良好的生活条件。这包括提供优质的住房、健康保障、子女教育等方面的支持。只有在一个稳定、和谐的工作环境中，教师才能全身心地投入教学和科研工作中，为我国研究生教育的国际化发展贡献力量。

（三）加强师资队伍的培养和管理

为了提高研究生导师的国际化水平，我们需要注重培养研究生导师的国际化视野和教育理念。

1.组织国际学术交流和培训活动

我国可以通过组织国际学术交流和培训活动，让研究生导师与海外优秀学者进行深入交流，了解国际前沿科研动态和教育理念，提高他们的国际化素养。

第一，在国际学术交流方面，我国应定期邀请海外知名学者来高校进行学术讲座和参加研讨会。这些学者来自世界各地的顶尖高校和研究机构，他们在各自领域拥有丰富的研究经验和深厚的学术造诣。他们的到来为导师提供了一个与国际一流学者面对面交流的机会，让他们能够深入了解国际学术界的最新动态和研究热点。此外，导师可以与这些学者共同探讨学术问题，交流研究心得，从而开拓思路，拓宽研究视野。

第二，我们要鼓励研究生导师积极参与国际学术会议和研讨会。这些会议通常是学术界的重要盛事，汇聚了各界权威的学者和专家。研究生导师可以通过参与这些活动，与来自不同国家和地区的学者进行面对面的交流，倾听各种学术观点和见解。同时，他们有机会向国际学术界展示自己的研究成果和学术成就，增加学术影响力。

第三，在培训活动方面，我们应多邀请国内教育专家和学术顾问来学校进行培训。这些专家和顾问具有丰富的国际教育经验和良好的学术背景，他们将为研究生导师提供系统的培训课程，涵盖教育国际化理念、教学方法和学术写作等方面的内容。通过参与这些培训，研究生导师可以不断提升自己的教育水平和教学能力，更好地适应教育国际化的需求。

2.加强研究生导师的跨文化交流和教学能力培养

我国应开设跨文化交流和教学技巧培训课程，提供相关培训和指导，以帮助导师更好地与国际学生进行交流和教学。在加强导师的跨文化沟通和教学能力培养方面，我们可以采取一系列措施，以确保导师能够更好地与国际学生进行交流和教学。

第一，开设跨文化交流和教学技巧培训课程。通过这些课程，研究生导师可以学习如何理解和尊重不同文化背景下学生的需求和期望，以及如何借助跨文化沟通技巧建立良好的师生关系。这些课程可以涵盖跨文化意识的培养、有效的非语言交流技巧和提高文化敏感度等内容，从而帮助研究生导师更好地适应国际学生的需求。

第二，提供相关培训和指导。这包括为研究生导师提供国际学生群体的背景和特点的介绍，帮助他们了解国际学生可能面临的挑战和困惑，以及帮助他们适应新的学习环境。此外，我们可以为研究生导师提供实际案例和教学经验分享，以帮助他们更好地理解和应对跨文化教学中可能出现的问题和难题。

第三，鼓励研究生导师参与跨文化交流活动和项目。通过参与国际学生组织的活动、组织跨文化讲座和研讨会等，研究生导师可以与国际学生进行更多的接触和互动，增进彼此的了解和信任。同时，我们应鼓励研究生导师主动寻求与国际学生合作的机会，在教学中融入跨文化元素，通过多样化的教学方法和实践活动来促进国际学生的学习和参与。同时，我们可以建立研究生导师之间的合作和支持。

第四，定期组织研究生导师交流和分享会议。研究生导师可以相互学习和借鉴彼此的经验和教训。比如，我们可以设立专门的咨询和支持机构，为研究生导师提供跨文化沟通和教学方面的咨询和指导，帮助他们解决在与国际学生交流和教学过程中遇到的问题。

3.建立健全评价体系和激励机制

评价研究生导师的国际化水平和教学质量，并给予相应的奖励和荣誉，可以推动研究生导师积极参与国际交流和提升自身能力。在建设一个高水平的教育体系的过程中，评价体系和激励机制是至关重要的。只有建立健全评价体系和激励机制，才能激发师资队伍提升自身水平和能力的积极性和动力。

第一，评价体系应该注重评价研究生导师的国际化水平和教学质量。国际化水平是衡量导师是否具备与国际接轨的能力和素养的重要标准。研究生导师应该积极参与国际交流，拓宽视野，提升自身的国际化水平。

第二，教学质量也是评价导师的重要目标之一。研究生导师需要具备优秀的教学能力，能够激发研究生的学习兴趣，培养研究生的创新能力和实践能力。针对评价结果，我们应该给予研究生导师相应的奖励和荣誉。这些奖励和荣誉可以是物质上的，也可以是精神上的。例如，我国高校可以给予优秀研究生导师一定的奖金或津贴，以鼓励他们继续提升自身能力和水平。同时，我国高校可以举办授予优秀研究生导师的颁奖仪式，为他们带来荣誉和认可度。这样的激励机制将鼓励研究生导师不断努力，为教育事业作出更大的贡献。评价体系和激励机制可以推动研究生导师积极参与国际交流和提升自身能力，这将有助于提高教育质量和国际竞争力。

通过以上策略和措施的实施，我国将能够有效推进研究生教育的师资国际化进程，提升我国研究生教育的质量和竞争力，为国家发展提供更多高层次、国际化的人才支持。

第三节　探索内在发展：构建高质量研究生教育体系

一、加强研究生培养质量，提高综合素质

提高我国研究生教育综合竞争力的首要任务是提高研究生培养质量和综合素质。

（一）加强研究生的科学研究能力培养

首先，研究生应具备扎实的学科基础和广泛的学术视野，掌握科学研究的基本方法和技能，培养独立思考和解决问题的能力。为了加强研究生的科学研究能力，我们应注重培养他们的学科基础和学术视野。研究生必须具备扎实的学科基础，这是科学研究的基础和保证。研究生只有通过深入学习和掌握相关学科知识，才能在后续的研究过程中有所依据和发展。同时，广阔的学术视野也是研究生必备的素质之一。拓宽视野，学习各个学科的前沿动态和研究成果，不断与学界交流和互动，是培养研究生的学术能力和创新思维的重要途径。

其次，研究生应该掌握科学研究的基本方法和技能。科学研究是一项具有系统性和严谨性的工作，研究生需要具备科学研究

的基本方法，包括文献调研、实验设计、数据分析等。同时，研究生需要学会运用各种科研工具和技术，比如计算机模拟、实验仪器使用等。只有掌握了这些科研方法和技能，研究生才能在科学研究中做到准确和有效。

最后，注重培养独立思考和解决问题的能力。研究生不仅要有扎实的学科基础和丰富的学术视野，更要具备独立思考和解决问题的能力。这种能力不仅是理论上的，更需要在实践中不断磨炼和提升。研究生应该能够独立思考并提出科学问题，能够通过科学方法和技能解决问题，能够在科学研究中作出独立的贡献。

总之，为了加强研究生的科学研究能力，我们应该注重培养他们的学科基础和学术视野，掌握科学研究的基本方法和技能，培养独立思考和解决问题的能力。只有这样，研究生才能在科学研究中取得优秀的成果。

（二）自我管理与终身学习

研究生应学会如何有效管理个人时间和学习进度，培养自主学习的能力。同时，通过研究生学习经历，学生应意识到飞快的知识更新速度，从而形成终身学习的习惯，不断提升自身的专业水平和适应未来变化的能力。

自我管理能力和终身学习的态度在加强研究生质量培养方面很重要。这不仅是为了应对学业上的挑战，更是为了在未来的职业生涯中取得成功。研究生在这一过程中应学会如何有效地规划个人时间，合理分配学习任务，以达到最佳的学习效果。这种自我管理能力的培养，不仅需要明确的目标设定，还需要不断地进行自我监督和反思，以确保在有限的时间内取得最大的学习成果。同时，终身学习的态度是另一项核心理念。在快速变化的现代社会，知识和技能的更新换代异常迅速，只有具备持续学习的意愿和能力，研究生才能保持个人竞争力，适应未来社会的各种变化。研究生教育不仅提供了专业知识的学习，更重要的是教会学生如何学习，如何在未来的职业道路上不断吸收新知识，整合各类资源，推动个人的成长和发展。高校应在课程设计中多包含自主学习的项目和任务，鼓励研究生主动探索知识的边界，培养批判性思维和解决问题的能力。教师在这一过程中扮演的是引导者和支持者的角色，不断地激发研究生的学习兴趣，帮助研究生建立正确的学习方法和态度，引导研究生通过个人努力达成学术上的成就。

最终，通过研究生阶段的学习和实践，研究生不仅能够掌握深厚的专业知识，更能在此基础上培养出持续自我管理能力。这种能力将为他们未来在学术界或者各行各业的职业道路上提供坚实的基础和支撑。终身学习也应成为研究生生活的一部分，不断地为他们带来新的观点和机遇，使他们能够在不断变化的世界中保持自己的竞争力和创新力。

（三）注重培养研究生的创新能力

首先，创新是推动社会进步和科学发展的重要力量，研究生应具备创新思维和创新意识，鼓励他们参与科研项目和实践活动，培养解决实际问题的能力。培养研究生的创新能力具有重要意义。创新作为推动社会进步和科学发展的关键力量，已经成为当代社会竞争的重要因素。因此，研究生必须具备创新思维和创新意识，才能在激烈的学术环境中脱颖而出。为了培养研究生的创新能力，我们应该鼓励他们积极参与科研项目和实践活动。通过参与科研项目，研究生可以接触到最前沿的学术研究领域，与优秀的学者进行深入交流，并且亲身体验科学探索的过程。这不仅能够拓宽他们的学术视野，还能够培养他们解决实际问题的能力。

其次，研究生应该积极参与实践活动。通过实践活动，他们可以将理论知识与实际问题相结合，从而培养出更具实践性的能力。他们可以通过参与社会公益活动、实习或实践项目等方式，将所学的知识应用到实践中，解决真实存在的问题。这样的实践经历不仅能够增强研究生的专业素养，还能够培养他们的创新思维和解决问题的能力。

最后，在培养研究生的创新能力的过程中，我国高校应该注重爱国情怀的培养。研究生应该具备爱国之心，将自己的学术研究与国家的发展紧密结合起来。他们应该关注国家面临的重大科技问题，积极参与国家科技创新项目，为实现国家科技进步贡献自己的力量。只有具备了爱国情怀，研究生才能在创新研究中充分发挥自己的才能，为国家的繁荣和人民的幸福贡献力量。

总之，培养研究生的创新能力是当代高等教育的重要任务。通过注重培养他们的创新思维和创新意识，鼓励他们参与科研项目和实践活动，以及培养爱国情怀，我们可以培养出更多具备创新能力的研究生，为社会进步和科学发展作出更大的贡献。

（四）加强研究生的综合素质培养

在现代社会，高等教育的目标不仅是培养学生的专业知识，更重要的是全面提升学生的综合素质。对于研究生而言，他们作为高层次人才的培养对象，更需要具备一系列的综合能力。综合素质包括领导力、团队合作能力、沟通能力等，具备综合素质使研究生具备全面发展的能力。

1.领导力

作为可能的未来领导者，研究生必须具备良好的领导力。领导力不仅是指能够带领团队取得优异成果，更重要的是能够在困难和挑战面前保持冷静和果断。他们需要具备明确的目标和愿景，善于激励和激发团队成员的潜能，同时要具备良好的决策能力和危机处理能力。通过培养研究生的领导力，高校可以为国家培养出更多的优秀领导人，为社会发展注入新的动力。

2.团队合作能力

团队合作能力也是研究生必备的重要素质。在现代社会，很少有项目可以由个人独自完成，大部分任务都需要通过团队的合作来实现。研究生需要学会与他人合作，协调各方利益，充分发挥每个团队成员的优势，实现整体的目标。团队合作能力的培养不仅可以提高研究生的工作效率，还能够培养他们的合作意识和团队精神，为国家的发展提供更多的协同力量。

3.沟通能力

沟通能力是研究生必不可少的能力之一。沟通是人际关系的基础，也是信息传递和交流的重要方式。研究生需要学会清晰地表达自己的观点和意见，善于倾听和理解他人的观点，有效地与他人沟通和协商。培养研究生的沟通能力，可以有助于增强他们的人际交往能力，并增强团队内部的凝聚力和效能，为国家的发展提供更多的合作机会。

总之，为了培养具备全面发展能力的研究生，我们需要加强对他们综合素质的培养。领导力、团队合作能力和沟通能力等方面的培养都是至关重要的。研究生只有具备了这些综合能力，才能在未来的工作中更好地发挥自己的作用，为国家的繁荣和发展作出更大的贡献。通过提高研究生培养质量和综合素质，我国将能够培养出更多具备科研能力、创新能力和综合素质的高级人才，增强我国研究生教育的综合竞争力。

二、优化研究生教育管理体制，提升培养效果

要提高我国研究生教育的综合竞争力，需要优化研究生教育管理体制，提升培养效果。

（一）加强对研究生培养过程的管理和监督

我国需要建立科学的评价体系，对研究生的培养过程进行全面、客观、公正的评估，及时发现和解决问题。[①]研究生培养是高等教育的重要组成部分，对于提高人才培养质量和推动科学研究具有重要意义。为了加强对研究生培养过程的管理和监督，建立科学的评价体系是至关重要的。

1.多元化的评价体系

科学的评价体系应该包括多个维度和指标，以全面了解研究生培养过程的各个方面。例如，我们可以考虑研究生的学术成果、科研能力、学术交流与合作能力、实践能力等，通过定量和定性的方法综合评估研究生的培养情况。

2.客观的评价体系

评价体系应该具有客观性，避免影响评估结果。我们可以借鉴国内外的先进评价经验，制定明确的评价标准和评估方法，确保评价过程的客观性和公正性。同时，评价应该基于实际表现和能力，而不仅仅依赖学历或学位。

---

① 宋微，邓积光. 研究生培养全过程评价体系构建探究 [J]. 高教论坛，2023（11）：100-103.

3.及时的评价体系

评价体系应该有及时性，能够及时发现和解决问题。我们该建立健全反馈机制，及时收集学生、导师和相关人员的反馈意见，及时发现存在的问题，并采取相应的措施加以解决。同时，评价结果应该及时向相关部门和个人反馈，为进一步优化研究生培养过程提供参考信息。

（二）加强对导师队伍的培养和管理

导师是研究生教育的重要推动力量，要注重培养导师的教育教学能力和提高科研水平，提高导师的指导质量。要加强研究生教育与企业、科研机构的合作，推动研究生培养与实际需求紧密结合，改善培养效果。

1.注重专业知识和学术素养的培养

培养研究生导师需要注重专业知识和学术素养的培养。研究生导师作为培养学术研究人才的重要角色，应具备深厚的学科知识和广泛的学术视野。他们需要不断提升自己的学术造诣，掌握最新的研究动态，以便能够有效指导研究生的学术研究工作。

2.建立科学的评价体系

加强对研究生导师队伍的管理需要建立科学的评价体系。通过建立科学的评价指标和评估机制，高校可以全面、客观地评估导师的教学与科研能力、学术影响力和指导学生的效果；同时，有助于发现导师队伍中的优秀人才，激励他们在培养研究生方面发挥更大作用，并对不合格的导师进行必要的整改和淘汰。

3.加强师德教育

培养和管理研究生导师队伍需要加强师德教育。研究生导师不仅是学术导师，更是学生的引路人和榜样。他们应具备高尚的师德情操，关心学生的成长与发展，积极引导学生树立正确的人生观和价值观。因此，加强对导师队伍的师德教育，培养他们的责任感和使命感，对提高研究生导师队伍的培养和管理质量具有重要意义。

如此，我国研究生教育将能够更好地适应社会需求，培养出更具竞争力的高级人才。

三、提升研究生就业指导和服务质量

随着我国高等教育的普及化和大众化，研究生教育在我国的规模和数量也呈现出快速增长的趋势。然而，与此相应的是，研究生就业形势也面临严峻的挑战。为了更好地应对这一挑战，加强研究生就业指导和服务显得尤为重要。

（一）提供更全面的就业信息

加强研究生就业指导和服务需要为研究生提供更全面的就业信息。研究生在选择就业方向和职业规划时常常面临信息不对称的问题，他们往往缺乏了解就业市场需求和趋势的渠道。

首先，学校可以通过建立完善的就业信息平台，为研究生提供及时、准确的就业信息，帮助他们更好地把握就业机会和趋势，从而增强就业竞争力。

其次，学校可以提供相关的就业指导课程和培训，以帮助研究生了解就业市场的现状和趋势。这些课程涵盖就业市场调研、职业规划、简历撰写、面试技巧等内容，旨在全面提升研究生的就业能力，为研究生提供更多机会和资源，以更好地适应和应对就业市场的变化和挑战。

最后，学校可以积极与企业协作，开展实习和就业推荐活动，为研究生提供更多的实践机会和就业资源。通过与企业的合作，学校可以深入了解行业需求和企业对研究生的要求，为研究生提供更有针对性的就业指导，还可以组织招聘会和校企合作项目，为研究生搭建与企业交流和进行就业洽谈的平台，增加他们与用人单位的接触和了解机会。

（二）增强研究生的职业竞争力与素养

加强研究生就业指导和服务还需要增强研究生的职业竞争力与素养。研究生不仅需要具备扎实的专业知识，还需要具备一定的就业技巧和综合素质。

首先，高校可以组织就业培训班，为研究生提供系统的职业技能培训。这些培训班可以包括就业面试技巧、职业素养培养、职业规划等内容。通过这些培训，研究生可以了解就业市场的需求，学习如何有效撰写简历和求职信，并提升面试表现能力。此外，高校可以针对不同专业设置特定的培训课程，帮助研究生掌握更深入、更专业的就业技能，增强他们在职场中的竞争力。

其次，高校可以开设职业规划课程，帮助研究生明确自己的职业目标和发展方向。这些课程可以包括职业生涯规划、自我认知和职业定位等内容。通过这些课程，研究生可以了解自己的兴趣和优势，明确自己的职业发展目标，并制定相应的职业规划和行动计划。学校还可以邀请行业内的专业人士来举办讲座或分享经验，让研究生更好地了解不同行业的就业前景和发展趋势，为他们的就业决策提供参考。

最后，学校可以组织一系列活动，如就业交流会、企业实践等，提供研究生与用人单位的沟通机会，增加就业机会和就业信息的获取渠道。这些活动可以为研究生提供实践锻炼的机会，让他们更好地了解职场环境和工作要求，提升自己的实践能力和职业素养。

（三）强化学校与企业的协作联盟

加强研究生就业指导和服务需要强化学校与企业的协作联盟。研究生就业是学校与企业之间的桥梁和纽带，加强二者之间的交流与合作有助于更好地对接就业市场需求和培养适应市场的高素质人才。

1.开展双向选派人才培养计划

第一，企业可以派员工到高校进行深造，这些员工对市场需求有更为敏锐的感知。高校教师可以通过与这些来自企业的专业人士交流，了解最新的技术发展和行业趋势，及时调整教学方法和适应性。这样一来，研究生可以更好地了解企业的需求和运营模式，直接接触到真实的工作环境，对自己的未来职业发展有更清晰的认识。

第二，高校派研究生到企业实习，研究生能够接触到真实的工作环境和实践问题，提升解决问题的能力和实践操作技能。同时，研究生能够学到企业内部的规范和职业道德，培养良好的职业素养和团队合作能力。此外，研究生可以将在课堂上学到的理论知识应用到实际工作中，提升自己的实践能力和解决问题的能力。在实习期间，研究生能够亲身体验企业的文化和氛围，了解企业的运作方式，与企业员工进行沟通交流，从而更好地适应未来的职业发展。

第三，双向选派人才培养计划有助于缩短高校与企业之间的距离。企业派遣员工到高校深造，可以加强企业与高校之间的联系和增加合作机会，为企业提供更多人才资源和专业技术支持。

同时，高校研究生到企业实习，可以增加高校与企业之间的互信和合作基础，为后续的校企合作打下坚实的基础。

2.建立稳定的合作机制

第一，通过与企业签订长期合作协议，高校可以明确双方的合作内容和目标。合作内容可以包括联合科研项目、技术转移、人才培养等方面。通过与企业建立合作关系，高校可以更好地了解企业的需求和发展方向，为企业提供符合市场需求的科研成果和人才支持。同时，企业可以为高校提供实践基地和行业资源，帮助高校将理论知识应用于实际生产和创新中，提高教学和科研质量。

第二，建立稳定的合作机制。高校应和企业保持长期的合作关系。合作机制可以包括定期召开联席会议、建立项目管理团队等方式。通过定期召开联席会议，高校和企业可以及时沟通，解决合作过程中的问题和困难，确保项目的顺利进行。同时，建立项目管理团队可以提高合作的效率和质量，确保双方能够按照合作协议的要求完成工作。

第三，建立校企联合的研究中心、实验室等研发平台，高校和企业可以促进双方的科研合作，提高研究水平。研发平台可以提供先进的设备和技术。通过在研发平台上进行科研合作，高校和企业可以共享资源和经验，提高科研成果的质量和增加影响力。①

---

① 阮芳涛，叶杨. 全日制专业学位研究生校企联合培养问题分析与实践探索［J］. 忻州师范学院学报，2024，40（2）：58-63.

四、调控研究生的整体规模和硕博比例

（一）调控研究生的整体规模

进入 21 世纪以来，我国研究生报考人数和在读人数保持了高速的增长。依据"中国教育在线"的报道，1978 年是我国恢复研究生教育的第一年，当年录取 10 708 人；2022 年，我国硕士研究生录取约 100 万人，博士研究生录取约 30 万人，招生规模是 44 年前的约 121 倍。2013—2023 年我国研究生招生录取信息如图 5-1 所示。根据《教育部关于深入推进学术学位与专业学位研究生教育分类发展的意见》（下称《意见》），我国到"十四五"末将专业学位硕士研究生招生规模扩大到硕士研究生招生总规模的 2/3 左右，同时大幅度增加博士专业学位研究生的数量。[①] 由此可见，进入 21 世纪以来，我国研究生的整体生源数量呈现快速增长，但是近些年来已经开始严控研究生录取的数量和规模。

随着科学技术的进步，研究生教育的大众化和普及化是社会发展的必然趋势，人们开始意识到社会对高层次人才的需求，进而催生了中国"考研"的热潮。由于本科生的迅速扩招，大批本科毕业生在待业的同时考虑继续深造，在缓解就业压力的同时令自己有更大的发展空间，在一定程度上增大了我国研究生的整体入学生源基数。

（二）调控研究生的硕博比例

据教育部数据，2022 年全国研究生招生 124.25 万人，比上年

---

① 吴丹. 我国研究生教育分类发展格局已基本形成 进一步提升专业学位研究生比例［EB/OL］.（2023-12-21）［2024-04-10］. http://www.moe.gov.cn/fbh/live/2023/55658/mtbd/202312/t20231221_1095612.html.

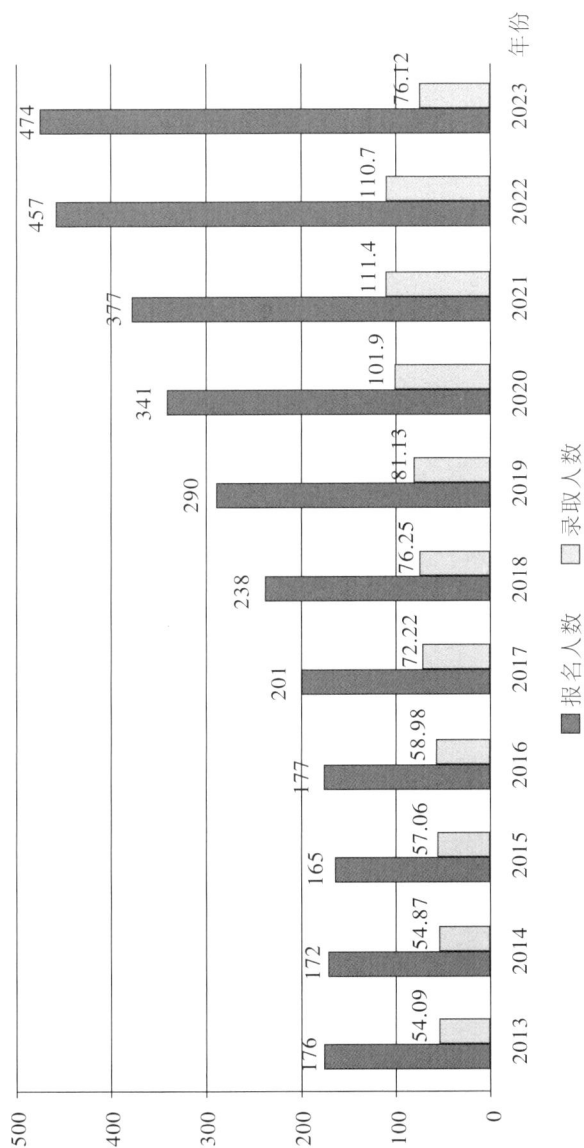

图 5-1 2013—2023 年我国研究生招生录取信息（单位：万人）

资料来源：根据中国教育在线数据库（http://www.eol.cn/html/ky/report/index.shtml）的数据整理。

增加 6.6 万人，增长 5.61%，其中，博士生 13.9 万人，硕士生 110.35 万人；在学研究生 365.36 万人，比上年增加 32.12 万人，增长 9.64%，其中，在学博士生 55.61 万人，在学硕士生 309.75 万人；毕业研究生 86.22 万人，其中，毕业博士生 8.23 万人，毕业硕士生 77.98 万人。

我国是全球最大的博士学位授予国，不过我国的研究生比例相对失衡。截至 2022 年，我国在读硕士生与博士生的平均比例约为 3：1，意味着每 3 个硕士生就培养出来 1 个博士生。不断扩大的博士生培养规模造成了博士生培养质量、科研资金等方面无法得到足够的保障，故我国现阶段应该适当稳定博士生的规模，同时大力培养专业型硕士，进一步贴近社会需求。

第四节　发掘潜在实力：全面提升研究生教育的综合竞争力

一、共享教育资源

现代科技迅速发展，信息和交通技术的发达为各国人民带来极大的便利。国际互联网的诞生为许多项目的完成提供便利条件，也使教育资源的共享不再那么困难。研究生教育的国际化要求学者对前沿知识在第一时间有所了解，教育内容是否前沿在很大程度上影响着教育成果。研究生教育就是要培养有国际视野的精英，教育资源共享的实现可以为研究生提供资源上的支撑。随时随地了解最前沿的科研成果将大幅度地开阔研究生视野，丰富研究生的知识积累。

共享教育资源可以为我国研究生提供更广阔的学习平台。通过共享教育资源，研究生可以接触到来自世界各地的先进教育理念和研究成果，拓宽他们的视野和思维方式。这有助于培养他们的国际化背景和全球视野，提高他们的综合素质和竞争力，提高我国研究生教育的教学质量。通过与国外高水平的学府合作，我国的研究生教育可以引进先进的教学方法和教育资源。这有助于提高我国研究生的学术水平和增强研究能力，培养具有创新精神和国际竞争力的高层次人才。

共享教育资源可以增大我国研究生教育的国际影响力。通过与国外高水平的学府合作，我国的研究生教育可以加强国际交流与合作，提升我国研究生教育的国际知名度和声誉。这有助于吸引更多优秀的国际学生来我国就读研究生，并为我国培养更多具有国际竞争力的高层次人才。

为了提高我国高等教育的国际化水平，我们应该与国外高水平学府建立紧密的合作关系，共享教学资源，开展联合培养项目，搭建国际化的学术交流平台。通过与国外高校的合作，我们可以获得他们丰富的教学资源和教学经验，为我国的研究生提供更广阔的学习机会和优质的教育环境。①同时，这种合作可以促进双方教师和学生之间的交流，提高他们的学术水平和拓宽他们的国际视野。

共享教育资源对于提高我国研究生教育的国际化水平和综合竞争力具有重要意义。加强教育资源的共享和实施方式的探索，可以为我国研究生提供更广阔的学习平台，提高教学质量，增大国际影响力，推动研究生教育的国际化进程。

---

① 谢同祥，张玉洁."互联网+"时代研究生联合培养的创新机制［J］.淮阴师范学院学报（自然科学版），2024，23（1）：47–50.

二、建议提高导师行业的入行标准、加强导师的考核评定制度，打造尚学爱学的社会氛围

学生的成长与发展离不开导师的引导与帮助。拥有高水平的导师队伍对于学生的教育与指导有着更大的帮助。严格规范导师考核标准会激发导师本身的危机意识，鼓舞科研人员继续努力钻研专业，进而培养出清明开放的学术风气，为我国取得更高的成就；同时，更好地激发大家对于知识分子的认可与尊重，维护学术形象，有利于共同建设尊重知识的社会。①

导师是研究生教育中至关重要的一环，他们的专业水平和教学能力直接影响着研究生的学习效果和发展潜力。为了提高导师行业的入行标准和加强导师的考核评定制度，我们需要吸取国外研究生教育的经验，也需要打造尚学爱学的社会氛围，以促进研究生教育的国际化发展。

（一）提高导师行业的入行标准

1.建立导师培训和评估机制

为了使导师的专业水平得到更好保障，我们可以借鉴国外的做法，建立起更加严格的导师培训和评估机制。

首先，对于担任导师的教师，应该要求其具备博士学位，并且在相关领域有较高的学术影响力和研究实力。

其次，导师应该参与专门的培训，增强其教学和指导研究生的能力。

---

① 顾明远，刘华蓉. 知识分子肩负着更大的历史责任和使命——学习习近平关于知识分子重要思想 [J]. 中国高校社会科学，2017 (6)：28-43；154.

2.加强对导师的学术评价和监督

为了确保导师的学术水平和教学质量，我们需要加强对导师的学术评价和监督。

首先，学术评价可以针对导师的科研成果来进行，如发表的论文数量和质量、申请的专利和获得的科研成果等。

其次，我们可以通过学术会议和研讨会等学术交流活动来评价导师的学术影响力和专业素养。

最后，我们可以引入学生评价，通过学生的反馈来评估导师的教学效果和指导质量。

（二）加强导师的考核评定制度

1.建立严格的导师考核评定制度

为了确保导师的教学质量和指导能力，我们需要建立起严格的导师考核评定制度。

首先，可以通过学生评价来评估导师的教学能力和指导效果，包括学生的学习成绩、论文质量、科研能力等方面。

其次，可以引入导师间互评机制，通过同行评议来提高导师的教学和指导水平。

2.建立相应的监督机制

首先，可以设立专门的考核评定委员会，由学校和行业相关部门组成，负责对导师的考核评定进行监督和指导。该委员会可以定期审核导师的考核评定结果，确保评定程序的规范和公正。

其次，可以接受学生和其他相关人员的投诉和举报，对违反职业道德和学术规范的导师进行处理和追责。

建立导师考核评定的监督机制，可以增强评定的公正性和权威性，促进导师的职业素养和教学水平的提升。

（三）打造尚学爱学的社会氛围

为了促进研究生教育的国际化发展，我们需要营造一个尚学爱学的社会氛围。

首先，我国政府可以加大对研究生教育的投入，提供更多的奖励和资助机会，激励更多的年轻人去攻读研究生学位。社会各界也应该加强对研究生教育的关注和支持，营造一个重视学习、尊重知识的社会氛围。

其次，我国应该继续加强对研究生教育的宣传和推广，让更多的人了解研究生教育的重要性和价值，从而增强对研究生教育的认知和重视程度。

最后，我国高校通过举办学术交流和研讨会等活动，营造一个学术氛围浓厚的环境，激发研究生的学习热情和创新能力。

总之，在研究生教育国际化的背景下，要营造一个尚学爱学的社会氛围，需要政府、学校、家庭各界共同努力。通过加强宣传引导、提供实践机会、培养学习兴趣和自主学习能力，以及举办学术活动等方式，更多的人会意识到学习的重要性，积极投入到学习中，共同推动社会的学习氛围向更加积极向上的方向发展。

三、继续加大包括但不限于对各高校的科研设备、科学技术、资金和政策的支持

我国应该给予科研事业应有的关注与鼓励，建立更健全的激励机制，通过激励手段促进导师的指导和研究积极性、学生的学习动机。在促进我国研究生教育国际化方面，我国应继续加大对高校科研设备、技术、资金、政策的支持。

（一）加大对高校科研设备的支持

科研设备是研究生教育的重要基础，对于提升高水平的研究人才至关重要。目前，我国许多高校的科研设备仍然存在不足之处，无法满足研究生的学术研究需求。因此，我国政府应该继续加大对高校科研设备的支持。

我国政府可以通过增加投入，提供更多的资金用于购买先进的科研设备。这样我国高校可以更新设备，提升研究能力，为研究生提供更好的科研环境；还可以建立科研设备共享平台，将各高校的设备资源进行整合，并向研究生开放。此外，我国高校不仅可以提高科研设备的利用率，还可以让研究生有机会接触和使用更多的设备，提升他们的科研能力。我国应加大对高校科研设备的维护和更新支持力度，确保设备的正常运行。只有设备始终保持良好的状态，才能有效地支持研究生的科研工作，促进研究生教育国际化。

（二）加大对高校科学技术的支持

科学技术在研究生教育中的重要性越来越凸显。我国政府应该继续加大对高校科学技术的支持，为研究生提供更好的技术支持。

首先，我国政府可以通过加大对高校科研人员的培训力度，提高他们的技术水平。科研人员的技术水平直接关系到研究生的科研能力和创新能力。只有科研人员具备了先进的技术知识和技能，才能够为研究生提供更好的技术支持。

其次，我国应鼓励高校和企业之间的合作，促进技术的转化和应用。通过与企业合作，我国高校可以将科研成果转化为实际应用，为研究生提供更多的实践机会和技术支持。

最后，我国政府可以加大对高校技术创新的支持力度，鼓励高校开展具有自主知识产权的技术创新研究。这样不仅可以提升高校的科研水平，还可以为研究生提供更好的技术支持，促进我国研究生教育国际化。

（三）加大对高校资金和政策的支持

对高校资金和政策的支持对于推动我国研究生教育国际化起着重要作用。我国政府应该继续加大对高校资金、政策的支持，为研究生教育提供更好的环境和条件。

首先，增加对高校科研项目的经费支持。这样一来，我国高校可以开展更多的科研项目，为研究生提供更多的研究机会和经费支持，促进他们的科研能力提升。

其次，制定更加灵活的政策，鼓励高校开展国际合作研究。我国高校通过与国外高水平研究机构的合作，可以借鉴国外的先进经验和技术，提升研究生的国际化素质和竞争力。

最后，加大对我国高校优秀研究生的奖励力度，鼓励他们积极参与科研活动和国际交流。奖励政策可以激发我国研究生的科研热情和创新能力，推动我国研究生教育国际化的进程。

只有提供良好的科研环境和条件，我国才能培养出更多具有国际水平的研究人才，推动我国研究生教育走向世界舞台。

四、完善评估体系

完善的评估体系可以加快研究生教育国际化进程。若要使本国学生在国际社会上得到认可，首先要有完善的质量评估体系（可以与国际接轨）。为适应国际化在教育领域的实现，配套的相关法规必不可少。随着经济全球化发展，研究生教育的学位类型也应随之具有灵活性，多样化的学位类型为研究生工作的开展创造了有利条件。同时，为适应社会发展，我国应不断关注国际研究生教育评估体系，开展多样化的评估方式，可以采取政府、中介机构及社会相结合的多元评估体系。完善研究生学位认定制度，大力促进国际化在教育领域的实现，为培养顺应时代发展的新型精英贡献力量。

（一）评估体系的重要性

评估体系是指通过一系列的评估方法和标准，对研究生教育质量进行监测和评价的体系。评估体系的建立和健全对于促进研究生教育国际化至关重要。评估体系可以客观地评估研究生教育的质量，并为学生选择合适的研究生院校提供参考。评估体系可以帮助研究生院校发现问题和不足，及时进行改进和提高。评估体系还可以提高研究生教育的国际认可度和竞争力，吸引更多的国际学生或学者来我国学习或研究。

（二）完善评估体系，促进研究生教育国际化

促进研究生教育国际化，我们应当在评估体系方面进行一系列的完善。

首先，建立与国际接轨的评估标准和指标体系，将研究生教育的国际化要求纳入评估指标中。

其次，加强对研究生教育国际化的政策支持和资金投入，鼓励研究生院校开展国际合作交流，提升教学质量和国际影响力。

最后，加大评估结果的公开透明程度，增强评估的可信度和公信力，为国内外学生选择研究生院校提供参考。

完善评估体系是促进研究生教育国际化的重要手段。借鉴国外的研究生教育经验，并结合我国实际情况，我们可以建立一个科学、公正、透明的评估体系，提高研究生教育的质量和国际竞争力，为我国培养更多具有国际视野和创新能力的高层次人才作出贡献。

主要参考文献

[1] STAPLEFORD K, LEE K. Online postgraduate education: Re-imagining openness, distance and interaction [M]. London: Taylor & Francis, 2023.

[2] ERNEST R. The highest education: A study of graduate education in Britain [M]. London: Taylor & Francis, 2018.

[3] 高校全日制硕士专业学位研究生教育质量保障体系研究课题组. 高校全日制硕士专业学位研究生教育质量保障体系研究与实践 [M]. 重庆: 重庆大学出版社, 2021.

[4] 刘献君. 院校研究论 [M]. 武汉: 华中科技大学出版社, 2021.

[5] 徐园媛, 戴倩, 蒋臻. 研究生社会主义核心价值观教育协同机制构建 [M]. 重庆: 重庆大学出版社, 2021.

［6］ 程光耀，李彦文．现代教育产学研一体化人才培养模式探讨［M］．北京：文化发展出版社，2020．

［7］ 郭剑鸣．项目导师制与生态型培养体系教学改革探索［M］．杭州：浙江工商大学出版社，2020．

［8］ 江莹．研究型大学与研究生教育［M］．南京：南京大学出版社，2020．

［9］ 李晓述．"双一流"建设与国际化发展：理论与实践［M］．武汉：武汉大学出版社，2020．

［10］ 魏贤超，等．教育人学散论［M］．杭州：浙江大学出版社，2019．

［11］ 张国昌．知识视角下产学研创新社群的治理研究［M］．杭州：浙江大学出版社，2019．

［12］ 胡莉芳．高等教育课程的主要问题［M］．北京：中国人民大学出版社，2018．

［13］ 宁钢，冯浩．人才培养与教学改革［M］．南昌：江西高校出版社，2018．

［14］ 潘百齐，魏少华，祝爱武，等．研究生复合型人才培养研究［M］．南京：南京大学出版社，2018．

［15］ 沈炯，冯建明，等．研究生培养协同机制研究［M］．南京：南京大学出版社，2018．

［16］ 熊思东．交叉学科研究生培养研究［M］．南京：南京大学出版社，2018．

［17］ 徐水晶．教育与社会分层［M］．南京：南京大学出版社，2018．

［18］ 於荣．美国研究型大学"黄金时代"的形成与发展［M］．杭州：浙江大学出版社，2018．

［19］ 朱跃龙，董增川，姚纬明．研究生应用型人才培养研究［M］．南京：南京大学出版社，2018．

[20] 李静，周亮．应用型本科高校科研改革创新与实践 [M]．重庆：重庆大学出版社，2017．

[21] 张继平．与教育改革同行——董泽芳先生从教50年纪念暨学术思想研讨 [M]．广州：世界图书出版广东有限公司，2017．

[22] 郭熙保，周军．发展经济学 [M]．北京：中国金融出版社，2007．

[23] 王丽娅．教育产业化的理论与实践 [M]．北京：中国经济出版社，2002：91．

[24] 顾明远．教育大辞典（增订合编本）[M]．上海：上海教育出版社，1998：751．

[25] 葛锁网．经济全球化背景下中国高等教育的改革与发展 [C] //王革，申纪云．经济全球化与高等教育——2001年高等教育国际论坛文集．长沙，湖南师范大学出版社，2002：96．

[26] 梁传杰．研究生教育发展方式：内涵特征、样态分析与转型路径 [J]．研究生教育研究，2024（3）：21-26；53．

[27] 杨尧焜，吕进，史仁民．新时代研究生教育高质量发展路径 [J]．中阿科技论坛（中英文），2024（3）：116-120．

[28] 沈迎华，张艳秋，于谦，等．全球化背景下医学研究生国际课程教学创新与实践 [J]．中国高等医学教育，2024（2）：140-142．

[29] 阮芳涛，叶杨．全日制专业学位研究生校企联合培养问题分析与实践探索 [J]．忻州师范学院学报，2024，40（2）：58-63．

[30] 李锋亮，周京博．推动研究生教育强国建设 加快拔尖创新人才培养——第七届全国研究生教育学学科建设高端论

坛综述 [J]. 研究生教育研究, 2024 (1): 1-7.

[31] 谢同祥, 张玉洁. "互联网+"时代研究生联合培养的创新机制 [J]. 淮阴师范学院学报（自然科学版）, 2024, 23 (1): 47-50.

[32] 陈新忠, 康诚轩. 国外一流大学创新型人才培养的经验借鉴及启示 [J]. 中国高校科技, 2023 (12): 52-59.

[33] 宋微, 邓积光. 研究生培养全过程评价体系构建探究 [J]. 高教论坛, 2023 (11): 100-103.

[34] 何倩. 新时代我国研究生联合培养模式分析 [J]. 产业与科技论坛, 2023, 22 (10): 69-70.

[35] 洪大用. 贯彻落实党的二十大精神 加快建设研究生教育强国 [J]. 学位与研究生教育, 2023 (9): 1-7.

[36] 刘薛. 政府人事管理制度下引进高层次专业人才的探索与实践——以X自贸片区管委会引进专才为例 [J]. 人才资源开发, 2023 (9): 19-21.

[37] 刘燕莉. 日本专业学位研究生教育认证机制研究与启示 [J]. 东北师大学报（哲学社会科学版）, 2023 (4): 137-144.

[38] 周子怡. 研究生专业课堂诗意化: 一种新型教育模式 [J]. 广西教育学院学报, 2023 (4): 203-208.

[39] 王文利, 侯敬芹. 日本筑波大学复合创新型人才体系构想实践与启示——以交叉学科研究生的培养为视角 [J]. 中国高校科技, 2023 (3): 58-63.

[40] 李锋亮, 孟雅琴. 建设高质量的专业学位研究生教育体系 [J]. 研究生教育研究, 2023 (2): 1-6.

[41] 唐军旗. 硕士研究生招生选拔中公平与质量的冲突与对策 [J]. 民族教育研究, 2023, 34 (1): 105-110.

[42] 赖秦江, 彭湃, 尹霞. 家庭背景还能影响硕士研究生的学

业吗？——以领悟社会支持为中介［J］．学位与研究生教育，2022（9）：80-86.

［43］张玲，蒋家琼，丁文瑾．21世纪日本私立高等教育结构的调整优化及对我国的启示［J］．大学教育科学，2022（5）：85-94.

［44］张雷生，朱莉．韩国世界一流大学研究生培养质量保障体系研究［J］．中国高等教育，2022（2）：62-64.

［45］李明磊，王雅鑫．英国课程型研究生教育：发展基础、培养实施及启示［J］．学位与研究生教育，2021（12）：86-93.

［46］包水梅，杨玲，金鑫．英国促进研究生导师专业化发展的策略与启示［J］．学位与研究生教育，2021（10）：68-76.

［47］马永红，马万里．高等教育普及化背景下研究生教育发展阶段划分与走向思考——基于国际比较视角［J］．中国高教研究，2021（8）：26-33.

［48］李均，邓小毛，李汝青．英国课程型研究生教育模式及其借鉴意义——基于5所红砖大学的考察［J］．世界教育信息，2021，34（4）：49-55.

［49］单春艳．研究生课程国际化：动因、要素构成及评价理路［J］．教育科学，2021，37（2）：62-68.

［50］林佳．专业学位硕士研究生创新创业教育改革与探索［J］．中国电力教育，2021（A1）：245-246.

［51］文学，陈顺伟．论新时代研究生教育国际化的三重逻辑［J］．当代教育科学，2020（6）：75-77.

［52］李文英，陈元元．日本硕士专业学位研究生教育的现状及启示［J］．学位与研究生教育，2020（3）：66-70.

［53］乔刚，娄枝．美英社会组织参与研究生教育治理的方式、

共性及启示［J］. 研究生教育研究，2020（1）：85-90.

［54］ 刘庆红 . "双一流" 建设语境下如何推进研究生教育国际
化进程——与斯坦福大学国际与跨文化教育研究中心主任
GARY MUKAI 博士一席谈［J］. 学位与研究生教育，
2019（5）：62-67.

［55］ 蒋琦玮 . "双一流" 建设高校研究生教育国际化探
究［J］. 现代大学教育，2019（4）：30-37.

［56］ 朱静然，王岚 . 论研究生核心竞争力的构成要素及提升
策略［J］. 河北科技大学学报（社会科学版），2019，
19（3）：97-102.

［57］ 郑炜君，王顶明，曹红波 . 国际化背景下的研究生教育课
程体系与师资建设——第二届研究生教育国际论坛综
述［J］. 学位与研究生教育，2017（11）：72-77.

［58］ 陈世伟，易开刚 . 美国高校创新创业教育对我国高校的启
示［J］. 黑龙江高教研究，2017（8）：82-84.

［59］ 顾明远，刘华蓉 . 知识分子肩负着更大的历史责任和使
命——学习习近平关于知识分子重要思想［J］. 中国高校
社会科学，2017（6）：28-43；154.

［60］ 单春艳，李作章 . 从要素到影响：研究生教育国际化内涵
的扩展［J］. 教育探索，2017（2）：69-71.

［61］ 刘秀梅，贺杰 . 研究生培养国际化创新模式的对策及建
议［J］. 教育教学论坛，2016（20）：175-176.

［62］ 杨韶刚，罗志君 . 研究生教育国际化发展的策略探析：基
于德国经验的理性分析［J］. 广东外语外贸大学学报，
2012，23（5）：96-100.

［63］ 罗尧成，束义明 . 我国高校研究生教育国际化：现状分析
及对策建议［J］. 学位与研究生教育，2009（11）：
58-63.

[64] 罗英姿,李芹,韩纪琴,等. 高校研究生教育国际化评价指标体系构建初探 [J]. 学位与研究生教育,2009 (11): 64-69.

[65] 李刚,田雪怡. 研究生教育国际化发展中的问题与对策 [J]. 黑龙江高教研究,2009 (2): 50-52.

[66] 谭胜. 研究生教育国际化的价值评价体系初探 [J]. 高等工程教育研究,2005 (3): 82-85.

[67] 林伟连,许为民. 我国研究生教育国际化的实践途径探微 [J]. 学位与研究生教育,2004 (6): 12-15.

[68] 中国学位与研究生教育学会,北京大学研究生院,清华大学研究生院. 迈向21世纪的研究生教育——中国北京'97研究生教育国际研讨会综述 [J]. 学位与研究生教育,1998 (1): 1-3.

[69] 林伟连. 研究生教育国际竞争力评价体系及提升途径研究 [D]. 杭州:浙江大学,2003.

索引